성명학의 이론과 실제

내 이름자에서 나의 미래를 본다

古輪 崔祥洵 著

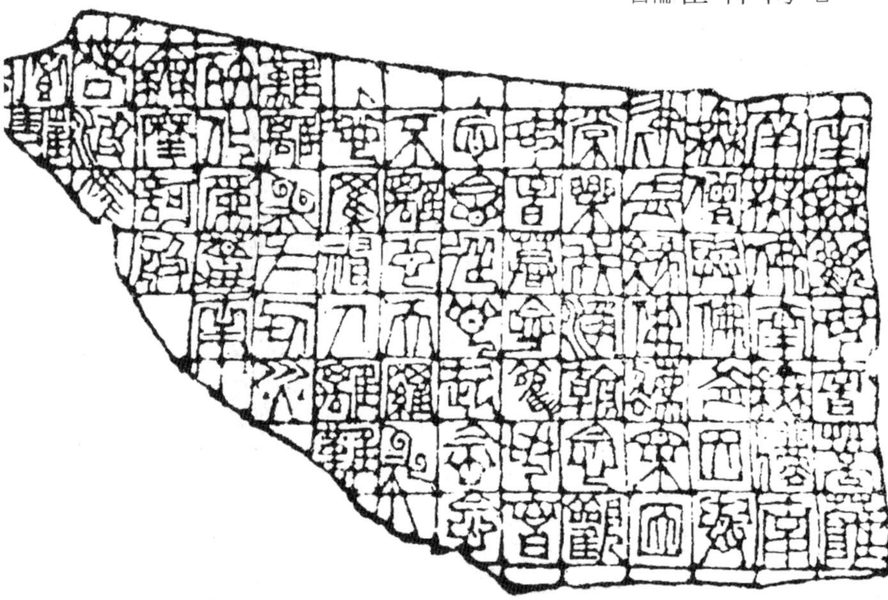

백산출판사

생명학의 이론과 실제

– 이름자에서 미래를 본다

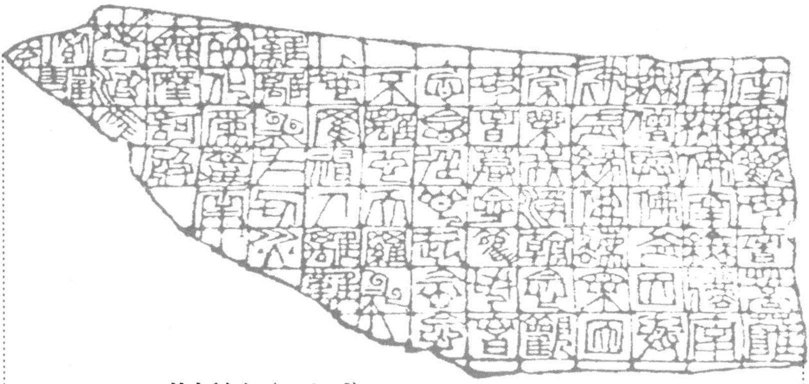

표지 전각화

夢授經 (몽수경)

南無觀世音菩薩 (나무관세음보살)
南無佛 南無法 南無僧 (나무불 나무법 나무승)
與佛有因 與佛有緣 (여불유인 여불유연)
佛法相因 常樂我淨 (불법상인 상락아정)
朝念觀世音 暮念觀世音 (조념관세음 모념관세음)
念念從心起 念佛不離心 (념념종심기 염불불리심)
天羅神 地羅神 (천라신 지라신)
人離難 難離身 (인리난 난리신)
一切災殃化爲塵 (일체재앙 화위진)
南無摩訶般若婆羅密 (나무마하반야바라밀)

전각가 玄老 崔圭一선생과 저자 崔祥洵

| 책 머리에 |

내 이름은 조화로운가

우리는 모든 대상물(對象物)에 대해서 그에 적절한 이름을 붙여서 부른다. 가령 길거리를 지나다가도 많은 상점의 간판을 보고 그 상호가 의미하는 업종(業種)을 판단하기도 한다. 업종에 걸맞는 상호를 가진 상점은 대부분 성업이 되고, 한편 그렇지 못할 경우 영업 부진을 겪는 처지를 흔히 본다. 그러니까 그에 걸맞는 조화로움이 필요하다는 것이다.

우리네 인간도 때와 장소, 또는 만나야 할 대상에 따라 의상을 달리하거나 옷매무새를 꾸민다. 이처럼 조화로움을 연출시키고자 하는 것이 인간의 욕망이다. 또한 그로 인해 인정받고 싶어 하고 기쁨을 얻고자 한다. 왜일까? 그 상대로부터의 상호나 이름으로 하여금 묘한 기운이 전달되기 때문이다.

근래에 와서는 그저 부르기 좋고 세련미를 앞세워 마구잡이식 외래어를 인용하여 부르는 경우가 허다하다. 이는 일시적 흥미로움이나 남에게 각인시키려는 의도로는 좋을지 모르겠으나 내 판단에서는 아니라는 것이다. 또한 그 뿐인가? 평생 간직하는 소중한 사람의 이름을 성의 없고 편리한 대로 작명하여 부른다는 것은 그 사람의 인격을 한층 격하시켜 평생의 밥그릇을 깬다고 믿는 것이다. 그러기에 정성을 다하고 의미가 담겨진 이름으로 잘 살아가야 한다는 소망의 이름과 순리에 맞는 이름만이 그 사람의 격(格)을 한층 높여 준다고 여겨진다.

듣기 좋고 부르기 좋다고 천박스럽고 무의미한 작명은 아니 되며, 그렇다고 이름이 무겁게(重) 느껴지거나 또한 가볍게(輕) 되어서도 아니 된다. 적어도 그 사람의 사주(四柱)를 보아 약한 사주라면 그에 맞는 이름으로 보(補)하는 차원의 이름자를 선택하며, 또한 강한 사주라면 극(剋)하거나 설기(洩氣)하여 중화(中和)된 이름자로 그의 그릇에 맞게(品格, 人格) 작명하여 줌이 마땅하다. 그래야 그 사람의 인생항로가 순탄해짐은 물론, 음양오행의 조화로움과 그에 걸맞은 이름이 되었을 때 그 사람의 운명과 삶도 윤택해지는 길이 보장될 것이다.

모름지기 물 흐르듯 순리에 따라야 함이 이치이며, 그러한 순리가 소통되어야만 그 사람의 이름이 빛날 수 있다. 그만큼 이름은 사주팔자 못지않게 그 사람의 운명에 영향이 절대적이다.

결론적으로 말하면 이름을 잘 지으면 개인의 건강한 삶과 부와 명예가 지켜지고, 가정이 화목하고, 부모에게 효도하며 자손 또한 번창하여 사회생활이 원만하기 마련이다. 더불어서 사업이나 직장에서 뜻하는 바가 순탄해질 테니까.

끝으로 이 책이 나오기까지 물심양면으로 도움을 주신 김용식 세무사님, 윤상복 사장님께 감사드린다.

乙未年 초봄 我蘇山房에서

古輪 崔祥洵

3장 수리(數理)의 길흉(吉凶) 해설

4장 수리오행과 음령오행의 해설

5장 좋은 이름 지을 수 있는 획수

6장 작명(作名) 방법과 그 풀이

7장 인명용 한자(人名用漢字)

1장

음양(陰陽)과 오행(五行)

1. 음양(陰陽)

음양(陰陽)은 우주 만물의 운행법칙으로서 음양의 조화로 인하여 만물이 생성된다. 우주 본체가 되는 것을 태극(太極)이라 하며, 태극은 음양으로 양분되고, 음양은 사상(四象)으로, 사상은 팔괘(八卦)로 나누어진다. 이와 같이 만물은 성립되며, 이 모든 것은 상대성원리(相對性原理)로 이루어진다.

양(陽)	하늘	낮	아버지	남자	밝다	높다	덥다	강하다	동적	적극적	양기
음(陰)	땅	밤	어머니	여자	어둡다	낮다	춥다	약하다	정적	소극적	음기

이처럼 음(陰)과 양(陽)의 이기(二氣)가 교감하여 만물이 생(生)하는 것이며, 삼라만상은 모두가 음양으로 이루어진다.

성명학(姓名學)에서는 성명의 획수(劃數)가 각각 1, 3, 5, 7, 9 등 홀수는 양(陽)이니 ○로 표시하고 2, 4, 6, 8, 10 등 짝수는 음(陰)이니 ●로 표시한다.

성명이 양(陽)으로만 구성되어 있으면 하늘은 있고 땅이 없는 것과 같으니 햇빛은 있고 물이 없는 형상과 같고, 음(陰)으로만 이루어져 있으면 햇빛이 없어 그늘지고 습하고 추운 병약(病弱)한 형상으로 부작용이 생겨날 수밖에 없다. 그러므로 이름을 지을 때에는 음양(陰陽)이 잘 조화되어야 매사가 순조롭고 건강하고 행복하며 장수할 수 있다고 본다.

이 병 열	김 천 수	김 인 복
李 秉 烈	金 千 洙	金 仁 福
7 8 10	8 3 10	8 4 14
○ ● ●	● ○ ●	● ● ●

* 음양이 다음과 같이 배열되면 복을 누리며 건강하게 장수할 수 있다.

○ ○ ○ ● ○

○ ○ ● ○ ●

● ○ ● ○ ○

○ ● ○ ● ●

● ○ ○ ● ○

○ ● ○ ●

○ ● ○ ○

○ ● ●

● ● ○

○ ○ ●

● ○

○ ●

* 음양이 다음과 같이 배열되면 재난, 재화 등을 초래한다.

●●●●○

○○○○●

●○○○

○○○●

* 음양이 다음과 같이 배열되면 불구, 급변, 단명 등의 우려가 있다.

●●○●●

○○●○○

●○○○●

○●●●○

○●●○

●○●

○●○

* 음양이 다음과 같이 배열되면 일시적으로 성공은 할 수 있으나 몸이 쇠약해지기 쉽다.

●●●○○

○○○●●

●●○○

○○●●

* 음양이 다음과 같이 배열되면 빈곤하고 단명하다.

●●●●●

○○○○○

●●●●

○○○○

●●●

○○○

●●

○○

2. 오행(五行)의 작용

1) 상생(相生)

木生火, 火生土, 土生金, 金生水, 水生木

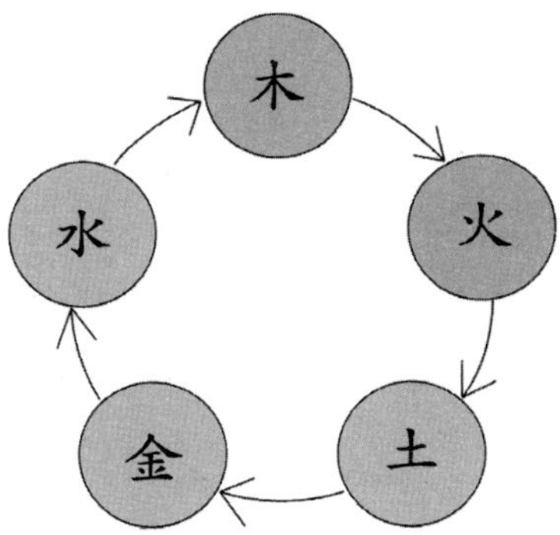

나무(木)는 불(火)을 생(生)하고
불(火)은 흙(土)을 생(生)하고
흙(土)은 쇠(金)를 생(生)하고
쇠(金)는 물(水)을 생(生)하고
물(水)은 나무(木)를 생(生)한다.

이처럼 서로가 생(生)하여 주는 관계의 뜻이 아니라 한쪽에서 생(生)하여 주면 한쪽에서는 생(生)을 받는다.

그러나 생(生)하여 주는 것이 많으면 오히려 사(死)하여 버리는 결과를 가져온다.

나무(木)가 많으면 불(火)이 꺼지고 [목다화식(木多火息), 목다화멸(木多火滅)]
불(火)이 많으면 땅(土)이 갈라지고 [화다토척(火多土斥), 화다토조(火多土燥)]
흙(土)이 많으면 쇠(金)는 묻혀지고 [토다금매(土多金埋)]
금(金)이 많으면 물(水)은 탁해지며 [금다수탁(金多水濁)]
물(水)이 많으면 나무(木)는 뜬다 [수다목표(水多木漂), 수다목부(水多木浮)]

또한 받는 쪽에서 너무 많으면,
木生火이나 불(火)이 많으면 나무는 금방 타버리고 [화다목분(火多木焚)]
火生土이나 흙(土)이 많으면 불은 어둠침침하고 [토다화회(土多火晦)]
土生金이나 쇠(金)가 많으면 흙은 약해진다 [금다토약(金多土弱)]

金生水이나 물(水)이 많으면 쇠는 잠기고 [수다금침(水多金沈)]

水生木이나 나무(木)가 많으면 물은 오그라든다 [목다수축(木多水縮)]

2) 상극(相剋)

木剋土, 土剋水, 水剋火, 火剋金, 金剋木

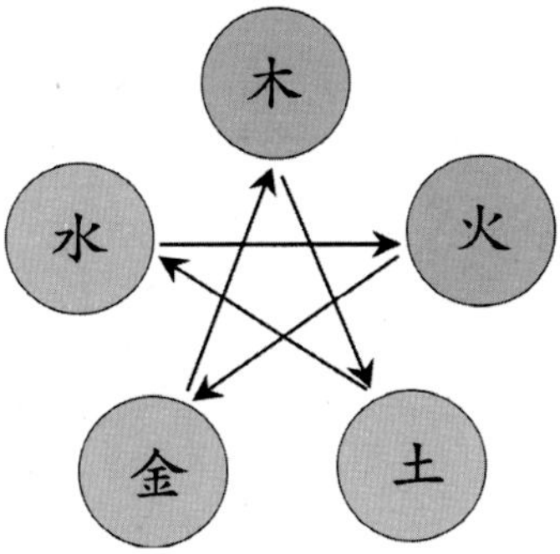

서로 극(剋)하는 관계가 아니라, 한쪽이 극(極)을 하고 다른 한쪽은 극(剋)을 받는 관계이다.

3) 상모(相侮)

토모목(土侮木): 나무(木)가 흙(土)을 극(剋)하지만 흙(土)의 기운이 강하면 오히려 나무(木)가 흙(土)에 꺾여 버린다 [토다목절(土多木折)]

수모토(水侮土): 흙(土)이 물(水)을 극(剋)하지만 물(水)의 기운이 강하면 오히려 흙(土)이 휩쓸려 버린다 [수다토류(水多土流)]

화모수(火侮水): 물(水)이 불(火)을 극(剋)하지만 불(火)의 기운이 강하면 오히려 물(水)이 증발되어 버리고 만다 [화다수증

(火多水蒸)]

금모화(金侮火): 불(火)이 쇠(金)를 극(剋)하지만 쇠(金)의 기운이 강하면 불(火)은 꺼지고 쇠(金)를 녹일 수 없다 [금다화식(金多火息)]

목모금(木侮金): 쇠(金)가 나무(木)를 극(剋)하지만 나무(木)의 기운이 강하면 쇠(金)가 부러지고 만다 [목다금결(木多金缺)]

따라서,

木 기운이 강하면 金으로 木을 다듬어야 쓸모가 있고

火 기운이 강하면 水로 火를 제압하여야 하며

土 기운이 강하면 木으로 土를 다스리고

金 기운이 강하면 火로 金을 녹여야 하고

水 기운이 강하면 土로 水를 막아야 한다.

또한,

너무 강한 나무(木)는 불(火)을 만나면 기운이 빼어나고

너무 강한 불(火)은 흙(土)을 만나면 자비로워지고

너무 강한 흙(土)은 쇠(金)를 만나면 고집이 없어지고

너무 강한 쇠(金)는 물(水)을 만나면 그 예리함을 꺾게 되고

너무 강한 물(水)은 나무(木)를 만나면 그 난폭함이 순해진다.

3. 수리오행(數理五行)과 음령오행(音靈五行) 일람

구분 \ 오행	木	火	土	金	水
수리(數理)	1, 2	3, 4	5, 6	7, 8	9, 10
음령(音靈)	ㄱ, ㅋ	ㄴ, ㄷ, ㄹ, ㅌ	ㅇ, ㅎ	ㅅ, ㅈ, ㅊ	ㅁ, ㅂ, ㅍ
오음(五音)	각(角) 아음(牙音)	치(徵) 설음(舌音)	궁(宮) 후음(喉音)	상(商) 치음(齒音)	우(羽) 순음(脣音)
	어금니소리	혓소리	목구멍소리	잇소리	입술소리

2장

사격(四格)

1. 사격(四格)

1) 원격(元格): 성(姓)을 뺀 이름자를 합한 수

→ 10세~10대 후반까지를 본다.

2) 형격(亨格): 성(姓)과 이름 첫자를 합한 수

→ 10대 후반~30대 초반까지를 본다.

3) 이격(利格): 성(姓)과 이름 끝자를 합한 수

→ 30대 초반~40대 중반까지를 본다.

4) 정격(貞格): 성(姓)과 이름 모두를 합한 수

→ 40대 중반~후반까지를 보며 말년운, 평생운을 본다.

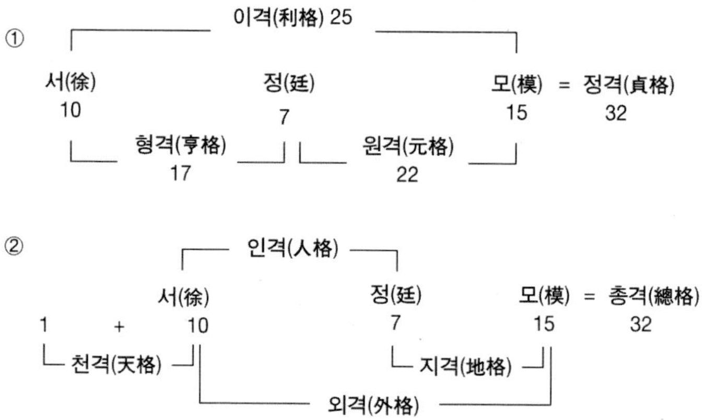

앞의 ②처럼 천격(天格)은 성(姓)과 태극수(太極數)인 가성(假成) 1을 합한 수인데 이는 조상·부모·상사·남편 등 천격(天格)의 수리로는 길흉을 따지지는 않으나 인격의 수리와 어떤 관계인가를 파악하며, 인격(人格)은 본인으로 보고 지격(地格)은 아내·자식·부하·아랫사람으로 본다.

천격(天格)이 인격(人格)을 생(生)하면 조상의 음덕이 있고 윗사람의 총애를 받거나 귀인의 도움을 받으며, 인격(人格)이 천격(天格)을 생(生)하면 부모에게 효도하며 윗사람을 공경하고, 인격(人格)이 지격(地格)을 생(生)하면 아내와 아랫사람과 인연이 두텁고 화목하며 자식과의 인연도 좋다. 지격(地格)이 인격(人格)을 생(生)하면 아랫사람으로부터 힘을 얻으며 자손으로부터 효도를 받는다. 그러나 여기서는 ①에 해당하는 사격(四格)에 대해 논하고자 한다.

2. 글자의 획수(劃數)

1) 한글 획수

<table>
<tr><td rowspan="2">자음
(子音)</td><td colspan="10">
ㄱ 1획 | ㄴ 1획 | ㄷ 2획 | ㄹ 3획 | ㅁ 3획 | ㅂ 4획 | ㅅ 2획</td></tr>
<tr><td colspan="10">ㅇ 1획 | ㅈ 3획 | ㅊ 4획 | ㅋ 2획 | ㅌ 3획 | ㅍ 4획 | ㅎ 3획</td></tr>
<tr><td>모음
(母音)</td><td>ㅏ
2획</td><td>ㅑ
3획</td><td>ㅓ
2획</td><td>ㅕ
3획</td><td>ㅗ
2획</td><td>ㅛ
3획</td><td>ㅜ
2획</td><td>ㅠ
3획</td><td>ㅡ
1획</td><td>ㅣ
1획</td></tr>
</table>

2) 영문자 획수

A 3획	B 3획	C 1획	D 2획	E 3획	F 3획	G 3획	H 3획	I 1획	J 1획	K 3획	L 1획	M 3획
N 3획	O 1획	P 2획	Q 2획	R 2획	S 1획	T 2획	U 1획	V 1획	W 2획	X 2획	Y 2획	Z 1획

3. 사격(四格)의 배치

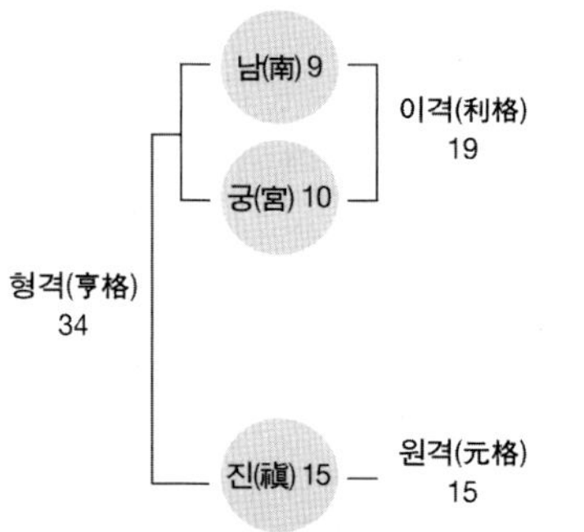

정격(貞格) 34
2자성(二字姓) 1자명(一字名)

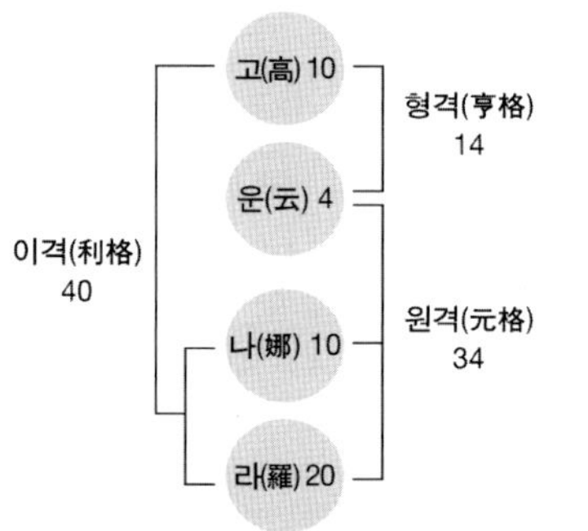

정격(貞格) 44
1자성(一字姓) 3자명(三字名)

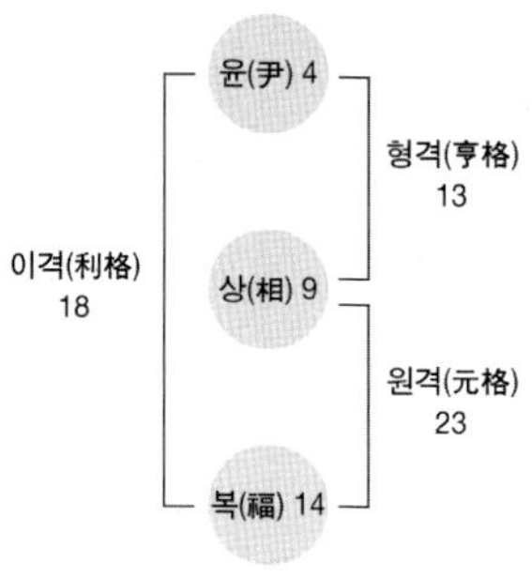

정격(貞格) 27
1자성(一字姓) 2자명(二字名)

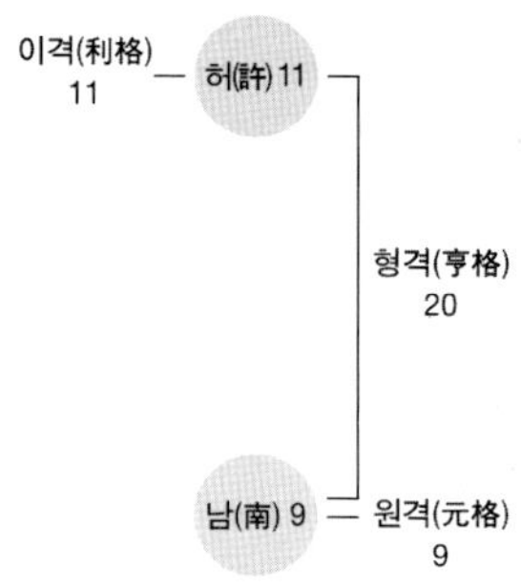

정격(貞格) 20
1자성(一字姓) 1자명(一字名)

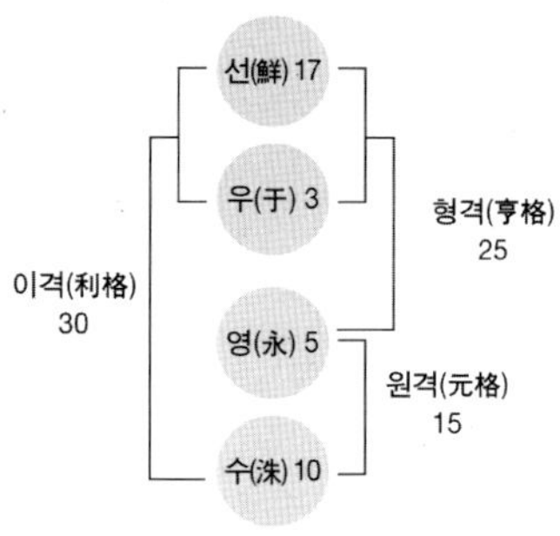

정격(貞格) 35
2자성(二字姓) 2자명(二字名)

4. 착오하기 쉬운 획수

忄(심방변)은 3획이나 心(마음심) 4획으로 계산한다.

氵(아래물수, 삼수변)은 3획이나 水(물수) 4획으로 계산한다.

扌(재방변)은 3획이나 手(손수) 4획으로 계산한다.

月(고기육, 달월변)은 4획이나 肉(고기육) 6획으로 계산한다.

犭(개견변)은 3획이나 犬(개견) 4획으로 계산한다.

王(구슬옥변)은 4획이나 玉(구슬옥) 5획으로 계산한다.

礻(보일시변)은 4획이나 示(보일시) 5획으로 계산한다.

衤(옷의변)은 5획이나 衣(옷의) 6획으로 계산한다.

罒(그물망변)은 5획이나 网(그물망) 6획으로 계산한다.

艹(초두변)은 4획이나 艸(풀초) 6획으로 계산한다.

阝(우부방변)은 3획이나 邑(고을읍) 7획으로 계산한다.

阝(좌부방변)은 3획이나 阜(언덕부) 8획으로 계산한다.

辶(책받침, 쉬엄, 갈착변)은 4획이나 辵(뛸착) 7획으로 계산한다.

一은 1획, 二는 2획, 三은 3획, 四는 4획, 五는 5획

六은 6획, 七은 7획, 八은 8획, 九는 9획, 十은 10획

百은 6획, 千은 3획, 萬은 15획, 億은 15획, 兆는 6획

5. 장자녀(長子女) 이외 불용문자(不用文字)

장자녀(長子女)만이 쓸 수 있는 문자(文字)로, 형제간 불화, 이별, 반목을 암시한다. 장자녀 이외의 사람이 쓰게 되면 윗사람의 권위를 점유하게 되어 장자녀의 신상에 변화 등이 생겨 자기 자신이 장자녀의 구실을 하게

된다고 본다.

天(천), 乾(건), 日(일), 東(동), 春(춘), 仁(인), 甲(갑)
上(상), 子(자), 大(대), 長(장), 辰(진), 起(기), 元(원)
宗(종), 先(선), 新(신), 泰(태), 始(시), 初(초), 一(일)
孟(맹)

6. 강형문자(强形文字)

힘이 있고 씩씩하며 왕성하고 강한 활동력을 나타내는 글자의 형태로서 용기, 자신감, 활동력, 독립심, 결단력 등을 암시한다.

泰(태), 勇(용), 龍(용), 弘(홍), 鎭(진), 進(진), 光(광)
成(성), 力(력), 豪(호), 飛(비), 鐸(탁), 强(강), 剛(강)
協(협), 克(극), 炎(염), 馬(마), 火(화), 威(위), 男(남)
義(의), 美(미), 振(진), 奕(혁), 昶(창), 咸(함)

7. 약형문자(弱形文字)

불안하고 허전하며 약해 보이는 글자형으로서, 운에서도 기반이 흔들리고 추진력이 없다.

華(화), 斤(근), 弱(약), 羊(양), 小(소), 微(미), 細(세)

兒(아), 女(녀), 干(간), 千(천), 年(년), 斗(두), 市(시)

申(신), 平(평), 帛(백), 戶(호), 花(화), 順(순), 老(노)

弓(궁), 幸(행), 柔(유), 退(퇴), 半(반)

8. 실형문자(實形文字)

안정적이고 짜임새가 있어 튼튼하고 빈틈이 없어 보이는 글자형으로서, 충실하고 의지가 굳어 불요불급의 기백을 나타낸다.

益(익), 立(입). 智(지), 載(재), 允(윤), 玉(옥), 昌(창)

皇(황), 眞(진), 植(식), 周(주), 國(국), 王(왕), 在(재)

其(기), 重(중), 廣(광), 鳳(봉), 基(기), 樹(수), 衡(형)

壹(일), 哲(철), 滿(만), 達(달), 蓮(연), 晋(진), 正(정)

秀(수), 煥(환), 承(승)

9. 허형문자(虛形文字)

글자 모양과 뜻이 힘이 없어 텅 빈 것 같은 공허감을 느끼게 되는 글자형으로서, 배짱이 없어 허약하며 우유부단하고 소극적으로 판단력이 부족하고 통솔력이 없다.

芝(지), 細(세), 占(점), 門(문), 行(행), 方(방), 弓(궁)

入(입), 孔(공), 去(거), 流(류), 八(팔), 戊(무), 虛(허)

弱(약), 空(공), 人(인), 共(공)

10. 사유팔덕문자(四維八德文字)

예의염치(禮義廉恥)를 사유(四維)라 하고, 인의예지 충신효제(仁義禮智忠信孝悌)를 팔덕(八德)이라고 한다. 도덕적 의미가 있으며, 호감을 암시한다.

禮(예), 仁(인), 義(의), 信(신), 愛(애), 孝(효), 忠(충)
恥(치), 和(화), 平(평)

11. 비속문자(卑俗文字)

뜻이 비속하고 천박하며 혐오감을 주는 글자로, 천박·구설·시비·이별 등 곤궁함을 면치 못하는 글자이다.

乞(걸), 奴(노), 卑(비), 垢(구), 肉(육), 浴(욕), 灰(회)
穴(혈), 汚(오), 惡(악), 村(촌), 病(병), 妄(망), 姦(간)
淚(루), 沒(몰), 疾(질), 墓(묘), 腐(부), 凶(흉), 死(사)
尸(시), 屍(시), 敗(패), 亡(망), 犯(범), 厄(액), 災(재)
滅(멸), 仇(구), 殺(살), 傷(상), 貧(빈), 賤(천), 退(퇴)
刑(형), 落(낙), 侵(침), 奪(탈), 劫(겁), 痛(통), 破(파)
廢(폐), 悲(비), 喪(상), 損(손), 衰(쇠), 囚(수), 殃(앙)

辱(욕), 憂(우), 怨(원), 淫(음), 泣(읍), 哭(곡), 雜(잡)

賊(적), 爭(쟁), 絶(절), 弔(조), 罪(죄), 妾(첩), 蟲(충)

臭(취), 巫(무), 狂(광), 恨(한), 非(비), 陷(함), 害(해)

薄(박), 險(험), 昏(혼), 禍(화), 困(곤), 陰(음), 患(환)

弊(폐), 毁(훼), 忌(기), 醜(추), 怒(노), 苦(고), 低(저)

哀(애), 恥(치), 寓(우), 失(실), 罰(벌), 朽(후), 訟(송)

獄(옥), 神(신), 忘(망), 暗(암), 後(후), 變(변), 魔(마)

驚(경), 顚(전)

12. 피해야 하는 문자(文字)

산천초목(山川草木), 조수충어(鳥獸蟲魚), 일월성신(日月星辰), 신불(神佛), 보석과 재물, 물건이나 기구, 인체 부위 등에 해당하는 글자나 지나치게 고상한 문자는 피하는 것이 좋다.

天(천), 地(지), 日(일), 月(월), 星(성), 辰(진), 風(풍)

雲(운), 雪(설), 霜(상), 霧(무), 虹(홍), 山(산), 石(석)

巖(암), 土(토), 丘(구), 岳(악), 坡(파), 堤(제), 壤(양)

窟(굴), 水(수), 江(강), 河(하), 海(해), 淵(연), 池(지)

塘(당), 港(항), 潭(담), 氷(빙), 木(목), 樹(수), 桃(도)

杏(행), 李(리), 芝(지), 松(송), 梅(매), 蓮(연), 蘭(난)

栢(백), 鳥(조), 鳩(구), 鶯(앵), 雀(작), 鹿(녹), 龍(용)

鵬(붕), 鴻(홍), 龜(구), 雁(안), 燕(연), 虎(호), 鶴(학)

熊(웅), 麒(기), 羊(양), 馬(마), 兎(토), 鼠(서), 狙(저)

狗(구), 鷄(계), 猿(원), 牛(우), 猫(묘), 獅(사), 狼(낭)

狐(호), 象(상), 魚(어), 鮮(선), 鵑(견), 麟(린), 鳳(봉)

凰(황), 翠(취), 鸞(난), 蟲(충), 蚊(문), 蚣(공), 蚓(인)

蛇(사), 蜈(오), 耳(이), 目(목), 口(구), 鼻(비), 手(수)

足(족), 肝(간), 胃(위), 頭(두), 肩(견), 背(배), 腹(복)

脚(각), 脾(비), 腎(신), 脣(순), 腸(장), 膽(담), 咽(인)

項(항), 頂(정), 肛(항), 神(신), 佛(불), 鬼(귀), 仙(선)

靈(영), 菩(보), 薩(살), 富(부), 貴(귀), 壽(수), 福(복)

吉(길), 幸(행), 高(고), 美(미), 喜(희), 嘉(가), 寶(보)

貝(패), 財(재), 貨(화), 金(금), 銀(은), 釧(천), 鈺(옥)

錢(전), 玉(옥), 晶(정), 珍(진), 瑪(마), 玭(빈), 珪(규)

13. 오행성(五行姓)

① 목성(木姓)

孔(공), 公(공), 今(금), 丘(구), 吉(길), 京(경), 具(구)

金(김), 奇(기), 姜(강), 高(고), 骨(골), 俱(구), 桂(계)

康(강), 邱(구), 景(경), 琴(금), 賈(가), 菊(국), 葛(갈)

慶(경), 郭(곽), 雷(뇌성)

② 화성(火姓)

呂(려), 林(림), 柳(류), 李(리), 梁(량), 連(련), 魯(로)

劉(류), 董(동), 都(도), 澤(택), 盧(로), 陸(륙), 羅(라)
南(남)

③ 토성(土姓)

于(우), 元(원), 尹(윤), 允(윤), 玉(옥), 王(왕), 玄(현)
安(안), 印(인), 任(임), 隱(은), 蘊(온), 魏(위), 嚴(엄)
延(연), 吳(오), 余(여), 何(하), 禹(우), 兪(유), 夏(하)
咸(함), 芮(예), 袁(원), 殷(은), 洪(홍), 魚(어), 許(허)
黃(황), 楊(양), 虞(우), 溫(온), 韓(한)

④ 금성(金姓)

丁(정), 千(천), 史(사), 石(석), 申(신), 田(전), 全(전)
朱(주), 鄭(정), 池(지), 車(차), 昔(석), 沈(심), 周(주)
宣(선), 秋(추), 辛(신), 徐(서), 孫(손), 秦(진), 卨(설)
張(장), 將(장), 曺(조), 宋(송), 崔(최), 章(장), 邵(소)
荀(순), 舜(순), 莊(장), 趙(조), 成(성), 愼(신), 陳(진)
錢(전), 遜(손), 蔡(채), 蘇(소)

⑤ 수성(水姓)

皮(피), 朴(박), 百(백), 孟(맹), 明(명), 奉(봉), 表(표)
彭(팽), 卜(복), 方(방), 卞(변), 文(문), 毛(모), 夫(부)
片(편), 白(백), 牟(모), 馬(마), 閔(민), 裵(배), 萬(만)
潘(반), 龐(방), 邊(변)

3장

수리(數理)의 길흉(吉凶) 해설

수리(數理)의 길흉(吉凶)

1數: 기초가 되는 수리로, 시작과 출발을 나타내는 대길수(大吉數). 창의력이 풍부하며 과단성이 있고, 적극적이며 활동적이다. 큰일을 성공시키며 부귀공명을 누리고 행복하게 장수한다.

2數: 불안정하며 부모처자와 인연이 박하고 객지에서 고독하게 생활하며 허송세월한다. 근심·재액·불안·병약을 의미한다.

3數: 지혜가 뛰어나며 매사 순조롭게 발전하여 부귀를 누린다. 만인을 통솔하는 인물로서 용감하고 처세에 탁월하여 조기 출세한다. 성격이 온후하며 침착하다. 또한 자손의 복이 많다.

4數: 독립심이 부족하며 정신적 발달에 문제가 있고, 일시적 성공은 있으나 중도에 실패로 인해 좌절과 고생이 많다. 부부 자식간 이별도 있고, 대흉수(大凶數)로서 사고·병난도 있다.

5數: 길한 수리로 지혜와 덕을 겸비하여 순조롭게 성공하니 이름을 널리 떨쳐서 만인이 우러러 본다. 심신 건강, 재록, 권세, 행운이 무궁하다.

여자는 부덕(婦德)이 있으며 예의도 바르다.

6數: 뚜렷한 신념과 확고한 의지가 있으니 노력하여 큰일을 이룬다. 부모 조상의 음덕과 귀인의 도움을 받으니 가문이 번창하고, 온후한 기풍으로 기초 또한 튼튼하니 가정이 화목하고 천부적인 행복을 누리며 늦게까지 편안한 대길수(大吉數)이다.

7數: 추진력이 강하다. 매사 돌파력이 강하고 확고한 신념과 의지로써 큰일을 이룬다. 자존심과 고집으로 인해 부부간 불화가 쉬우니 인화(人和)에 힘써야 하고, 자립은 좋으나 동업은 하지 말 것이며 자신에 대한 과신 또한 하지 말아야 한다.

8數: 의지가 강하고 인내심이 있어 초지일관의 신념으로 목적 달성한다. 큰일을 이루어 내는 융창한 길운이지만 수리가 불길하면 아픔도 있을 수 있으니 조신하고 유순하도록 해야 한다.

9數: 인내심이 부족하여 일시적으로 성공할지라도 쇠퇴하여 고난에 빠진다. 부모 처자간에 생사 이별하여 고독하며 병약의 염려가 우려된다.

10數: 머리는 있으나 흐지부지하니 꼬리가 없는 격이다. 일시적인 성공도 중도 좌절하며, 좋은 찬스도 놓치고 만다. 부모와도 무덕하고 처자식과의 이별도 있다. 질병・병약의 수(數)이며, 가정적으로도 불행하다.

11數: 두뇌가 명석하고 진취적 사고로 목적을 달성한다. 매사가 순조롭게 발전하여 성공한다. 번영·발전의 대길수(大吉數)로서 타인의 우러름을 받는다.

12數: 일시적인 성공도 중도에서 좌절한다. 부모 처자와의 인연이 박하고 고독하다.

13數: 지혜가 총명하고 처세에 탁월하다. 운세도 좋아 쉽게 성공하고 만인의 존경을 받으며 예지력도 있어 큰일을 이뤄 성공한다. 예술 방면에 재능이 있고 부귀영화를 누리는 대길수(大吉數)이다.

14數: 만사가 여의치 못해 일생을 암담하게 지낸다. 성공도 일시적이고 재운도 좋지 않으며, 가정운도 좋지 않아 부모 형제 처자와도 분리되니 고독하다. 병약 등의 흉조가 있으며, 여자는 남자의 운을 가로막는다.

15數: 지혜와 덕을 겸비하여 자력으로 대성하니 주변의 신망이 두텁다. 온순하고 아량도 있어 만인의 추앙을 받으며, 부귀영화, 자손 번창 등 수복이 무궁한 길수(吉數)이며, 여자는 남편 덕이 있다.

16數: 감정이 풍부하고 원만하여 흉이 변해서 복이 되는 격이다. 인덕과 재록이 풍성하니 부귀영화와 공명이 따른다. 천부적인 행복을 누리는 수(數), 또한 여자는 남편 덕이 있다.

17數: 확고한 의지와 자부심이 강하다. 많은 어려움을 극복하고 큰일을 이루고야 만다. 자력으로 대성하여 명성을 떨치니 만인의 존경을 받는다. 지나친 고집과 자만은 어려움을 자초하기 쉬우니 마음 수련을 쌓아야 한다. 여자는 남성적 기질이 있어 자칫 남자의 운을 가로막을 수도 있다.

18數: 지모가 겸비되며 의지와 노력이 강해 목적을 달성한다. 자부심도 또한 강하고 타인의 존경을 받는 부귀 영달의 수(數)이다. 일시적 어려움도 곧 극복하여 뜻을 이루며, 결혼운도 좋다.

19數: 뛰어난 지혜로 일시적 성공은 하지만 중도에 장애로 인해 실패한다. 여자는 육친의 덕이 없어 부부 자식간 인연이 박하며, 병난 등 흉조가 있다.

20數: 일시적인 성공도 곧 쇠퇴하니 늘 평탄치 못하며, 재화가 끊이지 않는다. 심신 허약하며 부모 · 부부 · 자식간에도 인연이 박한 흉수(凶數)이다.

21數: 성격이 원만하고 의지가 굳으며 부귀공명하고 명진사해하는 대길수(大吉數)이다. 뛰어난 지모와 덕량으로 지도자적 위치에서 만인의 존경을 받는다. 남자에게 좋으나, 여자에게는 좋지 않은 수.

22數: 매사가 순조롭지 못하니 노력은 있으나 공(功)이 없다. 일생이 불안정하고 중도 좌절하니 부모 처자의 인연도 박하다. 병약 · 고독이

따르는 흉수(凶數)이다.

23數: 뛰어난 두뇌와 풍부한 덕량으로 출세하며, 현실적으로 굳은 의지와 신념으로 노력하여 성공하니 그 권세와 명망이 만인의 존경을 받는 대길수(大吉數)이다. 특히 여자는 이 수리(數理)를 만나면 불행하기도 하나, 독신은 무관하다.

24數: 창의력이 남달라 무에서 유를 창조하니 부귀 영달하는 대길수(大吉數)이다. 지모와 재략이 출중하고 노력도 강하다. 부모의 음덕도 있으며 부부 화목, 자손 창성 등 행운을 지배한다.

25數: 영특하고 재주가 남달리 뛰어난다. 온화 겸손하며 대인관계도 원만하다. 능숙한 수완으로 재록도 쌓으며, 명예와 재물을 함께 얻는 대길수(大吉數)이다. 그러나 겸양치 않으면 남에게 비탄과 의외의 파탄이 있을 수도 있다.

26數: 일시적 발전으로 한때 군림하기도 하나 불운으로 파란을 암시하는 수리(數理)이다. 되풀이되는 어려움으로 일생 평안은 얻기 어렵다. 흉액과 처자와 생사 이별도 있다. 여자는 극부(剋夫)하는 운으로 고독하기 쉽다.

27數: 지혜와 노력으로 상당한 부와 명예도 누리나 자만심이 강해 타인의 반감(反感)을 사서 중도에 좌절을 당한다. 고독·사고·형액 등의 흉조가 있다.

28數: 파란만장하고 변동이 많아 일시적 성공도 물거품이 된다. 이별·손해 등 가정 파란이 많다.

29數: 지혜가 많고 다방면에 능수능란하다. 그러한 능력을 발휘하여 명성을 얻으니 큰일을 이루는 부귀 장수의 길수(吉數), 남자는 좋으나 여자는 자중해야 한다.

30數: 길흉이 반반으로 불안하다. 고독과 수심을 면키 어렵고, 무슨 일이든 낙관하기 어렵다. 한 가지 일에 전념하면 작은 성공은 있으나 대체로 불길하다.

31數: 성품이 어질고 지혜도 있으니 노력과 의지로 큰일을 이룬다. 지도자적 위치에서 이름도 얻고 부귀영화를 누리는 수리(數理)이다. 학문이나 예술적 방면에 발전이 있으며, 화기(和氣)가 넘쳐흐른다.

32數: 순풍을 받은 돛단배와 같은 격으로 귀인의 도움을 받아 기회가 주어지며, 파죽지세로 거침없이 일약 발전하여 성공한다. 가문도 빛내고 부귀를 누린다. 모든 일은 순리를 따르면 좋다.

33數: 어둠이 가고 태양의 빛이 떠오르는 형상의 대길수(大吉數)이다. 지니고 있는 역량을 맘껏 발휘하여 큰 공을 세운다. 만인의 존경을 받으며 명진 사해한다. 여자는 상부(喪夫)하거나 고독한 경우가 있다.

34數: 일시적인 성공도 중도에 실패하는 파멸운이니 흉조가 중중하다.

35數: 부귀・행복・장수하는 대길수(大吉數)이나 소극적인 면이 있어 큰 일을 하기에는 조금 약한 느낌이 있다. 그러나 대체로 운이 평탄하여 안정된다. 온화・성실하고 편안한 삶을 누린다. 특히 여자에게는 현모양처격이다.

36數: 의협심도 강하고 파란도 많다. 순간적인 발전은 있으나 결국 비운에 빠진다. 실패・이별 등의 흉운을 암시하며 움직일수록 파란이 크다.

37數: 천부적으로 만사형통하는 행복과 부귀영달의 대길수(大吉數)이다. 온화 충실하고 만인의 신망과 협조로 대업 달성하며, 독립심과 결단력이 강하다.

38數: 총명하고 재주도 뛰어난다. 운세가 평범하여 큰일을 이루기에는 역량이 부족한 점이 있으나 착실히 노력하면 상당한 재물과 행운을 누린다. 부귀공명하는 대길수(大吉數)이다. 기술・문학・예술 방면에서 성공을 이루겠다.

39數: 추진력도 강하며 불운은 가고 광명만이 다가오니 높은 인격으로 때를 잘 맞추면 파죽지세로 대성공한다. 사업 번창, 자손 번영, 행운 등이 겹쳐 그 발전이 자손까지 이어지는 대길수(大吉數)이다. 여자는 고독하다.

40數: 운기가 공허하니 변화무쌍하다. 덕이 부족하여 비난을 받고, 투기

모험심이 강하다. 분수에 맞는 행동과 뜻을 펼치면 순조롭게 발전할 수도 있으나, 지나치면 실패한다.

41數: 인품과 지모를 겸비하고 담력이 크고 덕망도 높다. 노력하면 이를 성취하고 이름을 떨치는 길상 경복의 대길수(大吉數)이다.

42數: 지혜와 재주는 뛰어나지만 실행력과 의지가 약해 목적을 달성하지 못한다. 한 가지 목표에 전력을 다하면 일시적인 성공은 할 수 있으나 좌절이 따른다. 고집이 강해 고난도 따르며 부부 이별, 병난 등 흉운을 만나는 흉수(凶數)이다.

43數: 일시적 성공은 있으나 내면의 어려움이 많으니 궁함을 면키 어렵다. 재능은 있어 일이 되는 것 같으나 성사되는 일이 없다.

44數: 욕심은 많으나 매사 여의치 못하다. 성공도 파멸로 이어진다.

45數: 뛰어난 지모와 덕망으로 대단한 지도자적 위치에 선다. 부귀영화를 누리며 만사형통하는 대길수(大吉數)이다.

46數: 진취적이지 못하고 의지가 약해 불행을 면키 어려우니 만사가 여의치 못해 곤고하다. 각종 흉운이 따르니 매사에 주의하여야 한다.

47數: 총명한 지혜와 천부적인 행운으로 재주와 권세를 사방에 떨치는 대길수(大吉數)이다. 뜻한 대로 순조롭게 발전하며 재록, 자손 창성,

유익 무손, 부귀영화를 누린다.

48數: 지모와 재능·인덕이 있어 지도자적 위치에서 명성을 떨치며, 많은 재산으로 만인에게 은덕을 베푼다. 평생 어려움 없이 평안하게 지내는 대길수(大吉數).

49數: 성패를 분간하기 어렵다. 길흉이 반반이니 성공하면 실패하고, 실패하면 다시 성공하게 되므로 성공 후에는 겸양으로 물러나서 관리하는 지혜도 필요하다.

50數: 종잡을 수 없는 어려운 운세로서 일시적 성공도 공허하다. 실의·병질·곤액·불화·이별 등이 따르는 흉수(凶數)이다.

51數: 전반에는 순조롭게 목적 달성하나 후반에는 쇠퇴하는 운으로 곤경에 빠지기 쉬우니 평소 겸양으로 은덕을 베풀라.

52數: 무에서 유를 창조하니 그 힘이 크고 강하다. 예지력이 있어 기회를 맞으니 그릇됨이 없고, 큰일을 이루니 명예와 부를 함께 누리는 대길수(大吉數)이다. 명석한 두뇌로 매사를 철저히 처리하니 여생이 편안하다.

53數: 외적으로는 평범하게 보이나 내적으로는 재난과 우환이 많다. 의지도 약해 이루는 일도 없다. 전반에는 행복하지만 후반에는 불안하니 운기 불측이고 어려움이 따른다.

54數: 의지가 약하여 이루는 일도 없으니 늘 근심과 고난이 따른다. 일시적인 성공은 있으나 장애가 따르며 병액・불화・실패 등이 따르는 흉수(凶數)이다.

55數: 총명하기는 하지만 인내력이 부족하다. 외형상으로는 융성해 보이나 내적으로는 근심과 재액이 많다. 매사 불안정하니 이별의 슬픔도 따른다. 생각하지도 않은 일이 생겨 보람도 없이 실패하고 곤고함이 따른다.

56數: 진취적이지 못하고 실천력도 없어 재주가 좋아도 만사가 이루어짐이 없다. 노력해도 머리만 있고 꼬리가 없는 격으로 헛수고가 되고, 공(功)이 없으니 출세가 어렵다. 일생 곤고가 많고 재액이 거듭되니 탄식 소리만 난다. 인내심을 가져야 한다.

57數: 성실・노력・재주・지혜를 겸비하니 만사형통한다. 크게 발전하여 부귀영화를 누리며 행복하게 산다. 그러나 고독한 면이 있다.

58數: 어려운 역경을 딛고 길한 징조가 나타나니 실패 후 성공하는 운이다. 끈기와 인내로 난관을 극복하고 말년에는 대성하여 행복을 누린다. 대체로 총명하다.

59數: 끈기와 의지 부족으로 어려움을 극복하지 못하고 소심하여 절망에 빠진다. 재화가 속출하여 역경과 실의에 빠지는 비운의 수리(數理)이다.

60數: 계획성이 부족하고 매사 기준이 없어 하는 일이 성사되지 않으니 어둡고 답답한 형상으로 정처 없는 인생이다. 일신의 파란을 헤아릴 수 없고, 평생 곤고하다.

61數: 지혜가 있고, 명예와 재물을 함께 누린다. 그러나 고독과 재난도 따른다. 불손하여 사회에서 외면 당하기 쉬우며 부부・형제・가족 간에 반목하니 겉으로는 평안하고 행복해 보이나 속으로는 늘 근심이 있다. 반면에 일생 영화가 무궁할 수도 있다.

62數: 운기가 쇠퇴하니 가정 불화, 부부 갈등으로 사회적으로 신망이 떨어진다. 신용도 없고 대인 관계가 어려우니 발전도 없다. 재액으로 곤고함이 따른다.

63數: 모든 일이 순조로워서 뜻하는 목적을 이룬다. 의지도 굳고 심신도 건전하여 자손도 번창하고, 부귀와 장수를 누리는 대길수(大吉數)이다.

64數: 운기가 쇠퇴하여 한 가지 일도 제대로 되는 게 없다. 좋은 계획도 실패하고 부모・형제・처자와의 인연도 박하다. 재난이 끊이지 않으며, 심신도 불건전한 흉조가 있다.

65數: 복록이 집안에 가득 차고 가운이 번창하니 일생 부귀영화를 누린다. 사회적으로도 지위에 오르고 만인의 존경을 받는다. 만사형통하며 건강하게 장수한다. 가문이 번창하는 대길수(大吉數).

66數: 계획된 일을 성취하지 못하고 항시 어려움이 앞을 가로막으니 미래를 예측하기 어렵다. 진퇴양난으로 부부간 불화하며, 재액도 속출하니 곤고함이 많다.

67數: 타고난 운으로 만사형통하여 부귀 영달하는 대길수(大吉數)이다. 매사에 여유로움도 있고, 강함과 부드러움을 겸비하여 자수성가하고 윗사람의 도움을 받아 순조롭게 목적 달성한다.

68數: 창의력이 뛰어나며 지혜도 있어 대성 발전하며, 가정도 화목하여 행복을 누리는 길수(吉數)이다.

69數: 매사에 실패하고 막히니 실의에 찬 나날이다. 병약 등 곤고함이 따르며, 부부 자식간에 생사 이별하는 흉수(凶數).

70數: 매사가 흉하고 근심 걱정이 끊이지 않으며, 평생 곤고하며 횡액 등 흉조가 있는 흉수(凶數).

71數: 착실히 노력하면 뜻을 이룬다. 부귀를 얻는 운이며, 능력을 펼치는 길수(吉數). 배치가 흉하면 평안치 못하고 힘든 생활을 한다.

72數: 길흉이 상반되니 처음은 길하나 나중은 흉하다. 병약・실패 등 흉운이 따른다.

4장

수리오행과 음령오행의 해설

1. 수리오행(數理五行)과 음령오행(音靈五行)

다음에 예시한 이름은 획수(劃數)를 고려치 않은 것으로서, 이해를 돕기 위해 오행을 설명한 것이다. 또한 오행이 좋다고 다 좋은 것은 아니므로 종합적인 면을 고려하여 작명(作名)하여야 하는 것이 바람직하다.

木

木・木・木: 기초가 튼튼하니 순조롭게 발전하여 성공한다. 총명하기도 하고 부부간에 화목하니 가정도 원만하며, 가문이 빛난다. 건강하게 장수한다.

김기근(金基根)

木・木・火: 기초가 튼튼하여 하는 일마다 순조롭게 목적을 달성한다. 일생 부귀 장수하며 착실하고 총명하다.

김근덕(金根德)

木・木・土: 총명하고 착실하고 인내심이 많으며, 심신이 건강하여 장수한다. 기초가 튼튼하여 일에 순조로움이 있으며, 가정이 평안하고 화목하다. 성격이 사교적이며 친절하다.

고길환(高吉煥)

木·木·金: 성격이 완고하여 타인으로부터 반감을 사기도 하며, 아랫사람으로부터 배신도 크니 성공할지라도 마음이 편치 않다. 재물운도 없고, 질병의 염려도 있다.

강기준(姜基俊)

木·木·水: 온순하고 이해심이 많으며 가정운도 원만하다. 일시적으로 성공은 하지만 어려움도 있다. 병약하며 불안한 징조도 있다.

구길빈(具吉彬)

木·火·木: 기초가 튼튼하고 심신이 건강하며 인덕이 있어 상하의 도움으로 뜻하는 바를 순조롭게 이룬다. 부모의 덕도 있어 가정의 행복과 편안함이 있고, 자손이 번창하고 건강 장수한다.

강덕길(姜德吉)

木·火·火: 성격이 용맹하고 결단력이 있으나 조급하다. 기초가 튼튼하여 초년에 부모 덕과 윗사람의 도움으로 순조롭게 성공한다. 그러나 인내력이 부족하여 의외의 실패를 할 수 있다. 가정은 원만하나 병약의 징조가 있다.

계남두(桂南斗)

木・火・土: 기초가 튼튼하며 부모와 윗사람의 음덕이 있어 순조롭게 발전하고 성공한다. 온순하고 예의가 바르며 친절한 성격으로 대인 관계도 좋다. 심신이 건강하여 장수 부귀하고, 가정도 화목하다.

권동훈(權東勳)

木・火・金: 부모의 덕으로 일시적인 성공은 있을지라도 기초가 불안하여 항상 불행이 따른다. 겉은 평온해 보이나 내면은 그렇지 않아서 가정도 좋지 않으며, 각종 질환에 시달린다.

금덕실(琴德實)

木・火・水: 부모 덕으로 초년에 일시적인 성공을 하나 기초가 불안하여 주변 사람들로부터 의외의 해를 당한다. 남에게 지기를 싫어하는 성격으로 다툼이 잦으며, 사고나 건강 악화 등이 염려된다.

고남민(高南珉)

木・土・木: 마음뿐 되는 일이 없다. 쓸데없는 일을 잘 벌이며, 마음도 약하다. 환경도 불안정하며, 부부・부자지간에도 인연이 박하고 재액을 면키 어려우니 고독하다. 건강에 주의하여야 한다.

국한기(菊漢起)

木・土・火: 불평 불만이 많다. 아랫사람이나 처자로 인해 조그마한 성공은 이루나 부모 덕은 없고, 중년 이후에 자수성가한다. 인내심이 있으나 마음은 약하다. 각종 질병에 유의하여야 한다.

길형래(吉亨來)

木・土・土: 진실하나 활발치 못하니 제대로 뜻을 못 이룬다. 무슨 일을 해도 실패의 운이 따르며, 불평 불만으로 인해 가정 불화가 이루어지니 불행과 고뇌가 따른다. 되는 일이 없고, 신경질적이며 건강에 유의해야 한다.

공영환(孔永煥)

木・土・金: 소극적이어서 뜻을 이루기 어렵다. 부모 덕이 없고, 환경도 좋지 않다. 중년 이후에 평안한 삶을 누릴 수 있으나, 병난이 염려된다.

김훈식(金勳植)

木・土・水: 뜻하는 일이 억압을 당하고 성공하기 어렵다. 사교성도 없고 무슨 일을 해도 불행이 따르니 항시 조심해야 하며 변화・변동・건강에 유의해야 한다.

고영민(高永民)

木・金・木: 발전이 없고 성공운도 없으며, 가정운도 불량하고 건강도 좋지 않다. 인정도 없고 고집이 강하며, 의심 또한 많다.

갈진규(葛鎭圭)

木・金・火: 기초가 불안하여 성공과 발전을 기대하기가 어렵다. 육친의 덕도 없고 언행에 조심해야 하며, 특히 신경 계통이 불량하니 신경을 써야 한다.

권수남(權水南)

木・金・土: 남보다 두 배의 노력을 하면 상당한 발전을 할 수 있으나 소극적인 성격으로서 크게 발전하다가 불행을 자초한다. 건강에 유의해야 한다.

김진영(金眞榮)

木・金・金: 일시적 성공의 예는 있으나 나서기를 좋아하며, 윗사람과 충돌이 많다. 부모 덕도 없어 성공하면 크게 성공하고, 그렇지 않으면 곤고함을 면치 못한다. 파란과 불화를 의미한다.

강진주(姜眞珠)

木・金・水: 성공운이 좋지 않아 노력한 만큼 보람도 없으니 중도 좌절로 불행하다. 고독・불안・병고 등이 염려된다.

곽정민(郭政珉)

木・水・木: 온순한 성품으로 순조롭게 성공하는 운이기는 하나 약간의 어려움으로 노력한 만큼 얻는 효과는 적다. 부모에게 효도하고 처자에게는 사랑을 베푼다. 수리가 길하면 성공하여 명성이 높고, 그렇지 않으면 가정 불행을 자초한다.

김명기(金明基)

木・水・火: 기초가 튼튼하지 못해 일시적인 성공은 있으나 고단한 삶을 산다. 가정도 불행하고 이해심도 없어 발전이 없다.

구민태(具民泰)

木・水・土: 일시적인 성공일 뿐 일생이 불안하다. 잘난 체하고, 아랫사람의 배신으로 발전이 없다. 신상의 변동이나 거주 이동이 잦고 병난・재화가 염려된다.

김명현(金明鉉)

木・水・金: 사람은 좋으나 실수가 잦다. 한때 성공하나 곧 쇠퇴하여 어려움이 따른다. 수리가 길하면 안정되어 성공을 하나, 그렇지 않으면 변동이 많고 불안정하다.

고민준(高旻準)

木・水・水: 부모 무덕하고 일생이 고독하다. 일시적 성공은 있으나 변동이 있어 파란이 많다. 가정에도 불행이 따르고, 타인으로부터 지탄도 받는다. 수리가 길하면 부유하며 장수한다.

김명빈(金明彬)

火

火・木・木: 노력형이며 기초가 튼튼하여 순조롭게 발전하는 운이다. 귀인의 도움으로 쉽게 목적 달성을 하고, 복을 누리며 건강하게 장수한다.

이경규(李京奎)

火・木・火: 남에게 지기를 싫어하는 외유내강형으로서 기초가 튼튼하여 목적 달성을 한다. 별 탈 없이 평범하게 살아가며, 가정도 행복하고 부귀 장수를 누린다.

양강대(梁康大)

火・木・土: 기초가 튼튼하여 성공운이 순조롭다. 심신도 건전하고, 가정도 화목하며 장수 부귀를 누린다.

류경원(柳京遠)

火・木・金: 가정운이 불안하고, 신경이 예민하다. 추진력과 인내심이 약하고 기초가 흔들려 일시적인 성공은 있으나 변화가 있다. 아랫사람의 배신으로 손해를 입는다. 신경과민 질환이 있다.

이강준(李康俊)

火・木・水: 일시적으로 작은 성공은 있을지라도 곧 실패가 따른다. 가정적인 불화로 인해 이산・급변 등이 있으며, 자식운도 좋지 않다. 의지가 굳으며, 노력형이다.

노경만(魯京萬)

火・火・木: 기초가 튼튼하고 심신이 건강하며, 아랫사람과 처자의 덕이 많다. 가정도 원만하고 순조롭게 발전 성공하며 부귀 장수한다. 마음이 밝고 대인 관계가 원만하다.

이덕교(李德教)

火·火·火: 용감하며 성격이 불같고 조급하다. 일시적인 발전은 있으나 인내력의 부족과 기초 불안정으로 곧 실패하고 만다. 가정도 불화하고 고독하다. 심장질환 등에 주의해야 한다.

유남두(劉南斗)

火·火·土: 일시적인 성공은 있으나 실패하니 좋고 나쁨이 반반이다. 겉으로는 평온해 보이나 속으로는 곤고하다. 부모의 덕도 없고 파란이 많다.

류덕형(柳悳衡)

火·火·金: 허영심이 많고, 남자는 호색가이다. 남 보기에는 좋아 보이나 속내는 그렇지 않으며, 일시적인 발전도 심신 과로로 불안정하다. 가정 불화로 처자식을 극하며, 건강도 좋지 않다.

임득선(林得善)

火·火·水: 성격이 급하고 의외로 재화가 많으며, 기회도 잃고 성공도 어렵다. 가정 불화, 재산 탕진, 건강 악화 등이 우려되며, 심혈관 질환에 주의를 요한다.

육낙민(陸洛慜)

火・土・木: 온순하고 대인 관계가 좋다. 부모의 덕은 있으나 사업운은 일시적이라서 곧 실패한다. 기초가 불안정하니 가정운도 좋지 않다. 건강에 신경을 써야 한다.

나영길(羅永吉)

火・土・火: 기초가 튼튼하고 윗사람의 덕으로 순조롭게 성공한다. 뜻하지 않은 성공으로 가정도 화목하며, 심신이 건강하니 장수하고 부귀영화를 누린다. 이해심이 많고 대인 관계가 원만한 길격이다.

노형대(盧亨大)

火・土・土: 기초가 튼튼하고 윗사람의 덕으로 발전 성공한다. 가정이 화목하다. 근면 성실하며 성격도 원만하니 목적 달성을 이룬다. 심신이 건강하니 일생 행복하고 장수를 누린다.

도영우(都榮雨)

火・土・金: 부모・조상・귀인의 덕으로 순조롭게 발전은 하지만 기초가 튼튼하지 못하여 일시적이요 큰 성공은 어렵다. 신용도 있고 원만하나 소극적인 성격으로서 가정 불화와 건강 악화가 염려된다.

임향춘(林香春)

火・土・水: 윗사람의 음덕으로 일시 발전하고 성공을 한다. 그러나 급변・손재 등으로 실패하고 만다. 곤고하며 각종 질환에 유의해야 한다.

류훈평(柳勳平)

火・金・木: 소심하고 예민하다. 만사가 답답하니 즐거움도 없다. 인덕도 없고 성공도 어려우며, 부부간에도 불화한다. 건강과 각종 질병에 유의하여야 한다.

류정기(劉正起)

火・金・火: 일신이 억압되어 뜻을 펼쳐 보기도 힘들고 고생이 많다. 일생이 박복하니 자포자기하기 쉽다. 가족의 인연도 없고, 고독하게 산다. 각종 흉액이 염려된다.

이정도(李貞道)

火・金・土: 기초가 약하며 크게 성공하기 어렵다. 그러나 후반에는 처자와 아랫사람의 도움으로 근근이 살아가니 참고 견뎌야 하는 운이다.

양정훈(梁正訓)

火・金・金: 뜻은 크나 고집이 세다. 불평 불만이 많고 성공운도 없다. 가정적으로도 불행하며, 고독하고 건강도 좋지 않다.

나청순(羅青順)

火・金・水: 감정도 불안하고 기초도 불안하니 의지할 곳은 가정뿐인데, 가정도 불안하다. 성공하기도 어렵고, 파란만장한 인생을 산다. 흉액도 따른다.

연정민(延正敏)

火・水・木: 부모 덕도 없고 윗사람에게 불손하며, 본인도 발전이 없다. 사회적으로나 가정적으로 발전도 없고, 실패가 많다. 안 좋은 일들로 어려움이 있고, 질병 등 곤고함이 따른다.

이병규(李炳奎)

火・水・火: 신경질적으로 예민하다. 건강이 좋지 않으니 의욕도 발전도 없다. 불안정하고 가정적으로도 불행이 따른다.

양병태(梁炳泰)

火・水・土: 가족과의 인연이 박하고, 부모 처자와 불화하며 평생 고생이 많다. 번뇌・병약 등 각종 질병이 염려된다.

류명우(柳明佑)

火・水・金: 실속이 없고, 가정적으로도 인연이 박하니 불안하고 불행하다. 순종하는 면이 없고 거만하다. 가정 불화 등이 우려된다.

이민준(李旻俊)

火・水・水: 기초가 불안하여 만사가 여의치 못하다. 윗사람과 부모 덕이 없으며, 고난의 세월을 보내고 가정운도 좋지 않다. 재난・병약 등의 흉조가 있다.

임병민(林秉民)

土

土・木・木: 발전이 느리다. 나를 도와주는 이가 없으니 고독하다. 부모 처자의 덕도 없고, 순종하는 마음도 없다. 노력은 하지만 성패가 반반, 점차 평안해지지만 건강 악화가 염려된다.

윤경국(尹京國)

土・木・火: 적극적인 성격으로서 부모 덕은 없어도 처자에게는 베푼다. 성공운이 느리며, 노력으로 목적 달성을 한다. 또한 운이 좋은 것 같으나 고뇌도 따른다. 수리가 좋으면 성공하고 편안하며, 자식운도 좋다.

원경남(元京南)

土・木・土: 강인하고 근면하나 욕심이 지나치다. 만사가 여의치 못해 성공하기가 어려워지고, 번뇌가 따르며 곤고하다. 욕심을 버리고 베풀면 좋은 일들이 생기지만 병약의 염려는 있다.

현경옥(玄京玉)

土・木・金: 아랫사람의 배신으로 좋지 않은 일과 손해 보는 일이 생긴다. 놀기를 좋아하나 순종하는 마음이 없다. 가정의 인연도 박하며, 병약 등이 염려된다.

안경순(安京順)

土・木・水: 성공을 거두기 어렵다. 근면・성실・정직하나 덕이 없다. 번뇌・실패의 암시가 따른다.

오경민(吳勍敏)

土・火・木: 기초가 튼튼하며, 명예와 재물도 따른다. 아랫사람의 도움으로 목적을 달성하니 가정도 화목하고 적극적이며 활동적이다.

황태경(黃泰慶)

土・火・火: 노력으로 일시적인 뜻을 이루나 기초가 부족하니 곧 실패한다. 귀인의 도움으로 발전하는 수도 있으며, 가족과의 인연이 박하다.

허태림(許太林)

土・火・土: 기초가 튼튼하니 뜻하는 목적을 이룬다. 적극적이고 친절하며 예의가 바르다. 심신도 편안하고 건강하며 부귀를 누리고 장수한다.

홍태원(洪泰遠)

土・火・金: 일시적 성공으로 겉으로는 안정되어 보이나 내면으로는 불안정하다. 강직하고 책임감은 있으나 아랫사람, 처자에게는 냉엄한 성품이어서 그로 인해 가정 불화가 있으며, 과로로 심장 질환에 유의하여야 한다.

함태준(咸泰俊)

土・火・水: 일시적으로 성공하나 과민하고 마음 둘 곳이 없어 곧 실패한다. 가정 불화, 심장 질환 등의 흉조가 있다.

엄택민(嚴澤民)

土・土・木: 매사 하는 일이 불안정하니 되는 일이 없다. 변화・변동이 심하다. 자만과 거만한 성격으로 가정 불화와 각종 질병에 유의해야 한다.

원형규(元亨圭)

土・土・火: 발전이 다소 늦으나 인내・노력・근면・성실함으로 성공을 거두고야 만다. 기초가 튼튼하니 가정운도 좋다. 부귀영화도 누리며 화목하게 장수한다. 자녀가 효도하니 심신이 건전하다.

오영남(吳英南)

土・土・土: 고집이 세고 융통성이 부족하다. 성공운은 느리나 순조롭게 발전한다. 나아갈수록 점차 좋아지는 운으로 가정도 행복하다. 다만 수리가 나쁘면 곤고함이 있고, 건강도 좋지 않다.

우영호(禹永鎬)

土・土・金: 조금 소극적인 성격이기는 하지만 안전하게 발전 성공한다. 가정도 원만하고, 심신이 건강하여 장수한다. 큰일을 하기에는 다소 어려움이 있으나 발전하는 좋은 운이다.

왕영식(王永植)

土・土・水: 성격이 강하며, 순종의 마음이 없다. 일시적인 성공은 있으나 실패로 돌아간다. 기초가 불안정하니 건강・재물・가정생활도 불안정하다. 흉액이 따른다.

어영민(魚永民)

土・金・木: 윗사람의 도움으로 일시적인 성공은 있으나 곧 실패에 빠진다. 성격이 예민하고 소심하여 처자식으로 인한 근심도 있고, 매사에 조심하지 않으면 안 된다. 신경성 질환의 염려가 있다.

안주경(安周京)

土・金・火: 기초가 불안정하여 자포자기를 잘하며, 자기 자신의 분수를 모른다. 일시적 성공은 있으나 곧 실패한다. 부부의 인연도 박하여 가정 불화가 많고, 건강도 좋지 않다.

황순덕(黃順德)

土・金・土: 상하의 도움으로 기초가 튼튼하니 순조롭게 발전 성공한다. 부모 처자의 음덕이 있으니 가정이 화목하고, 원만하게 부귀 장수한다.

허정현(許正鉉)

土・金・金: 운이 순조로워서 발전 성공한다. 나서기를 좋아하나 소극적인 성격으로 대범하지 못하다. 수리가 잘 맞으면 크게 성공하나, 흉하면 비난과 불화에 휩싸여 화를 자초하기도 한다.

양정준(楊貞準)

土・金・水: 행운과 성공을 함께 얻을 수 있다. 가끔 뜻하지 않은 실패도 있으나 일시적일 뿐, 건강을 조심하면 지향하는 목적을 달성할 수 있다. 남을 무시하는 경향이 있으므로 겸손해야 한다. 후반엔 처자에게 신경 쓸 일이 있다.

윤상복(尹相福)

土・水・木: 부모와 윗사람의 덕이 없고 추진력도 약하며, 심신이 억압되어 성공하기 어렵다. 재주는 있으나 생활력이 약하며, 불평 불만으로 인해 가정 불화가 있고 각종 질병 등에 조심하여야 한다.

임명기(任明基)

土・水・火: 예민하며, 실력을 발휘하여 보지도 못하고 번번이 기회를 놓쳐 성공하기 어렵다. 처자식을 극하며, 많은 상실감에 빠진다.

유병대(兪秉大)

土・水・土: 소극적이며, 환경부터 불안하고 인덕이라고는 없으니 인생이 곤고하다. 성공운도 없고 재난・병난・급변이 있다.

연병호(延炳浩)

土・水・金: 불평 불만도 많고, 부모의 덕이 없으니 초년 고생이 많다. 노력한 만큼 성과도 없으니 일생이 곤고하다. 일시적인 성공은 있으나 가정 불화, 병난이 염려된다.

위미정(魏美貞)

土・水・水: 심신이 억압을 받고 장애가 많으니 성공하기 어렵다. 노력의 대가도 없으며, 일시적 성공도 지속되지 못하니 고난이 많다. 가정 불화, 고독, 병난 등이 염려스럽다.

여명민(余明民)

金

金・木・木: 남을 믿지 못하며, 윗사람의 덕도 없고 성공운도 없으며 매사가 불안하다. 가정 불행, 병난 등이 염려스럽다.

정경길(鄭庚吉)

金・木・火: 심신이 억압되어 발전운은 어렵다. 예민하여 의심과 불평불만이 많고, 남에게 지기를 싫어한다. 급변 등의 흉액이 따른다.

전기남(全基南)

金・木・土: 정신력도 약하고 까다로운 성격으로 심신 과로가 따르니 성공운은 기대하기 어렵다. 신경쇠약 등의 병난이 있다.
조길환(趙吉煥)

金・木・金: 환경도 불완전하고 인덕도 없으니 성공운이 약하며, 실패가 잦으니 불평 불만이 많이 따른다. 가정운도 좋지 않으며, 파란 등의 흉조가 있다.
신경준(申京俊)

金・木・水: 인내심도 있고 근면하나 감정이 예민하다. 초년 고생과 장애로 불행하다. 아랫사람으로 인해 일시적 성공은 하지만 처자간에 인연이 박하고, 병난과 재화가 있다.
서강민(徐康民)

金・火・木: 아랫사람의 덕으로 지위와 재물을 얻으나 곧 쇠퇴하여 불행의 길을 걷는다. 대인 관계도 원만하나 흉운이 따른다.
손남기(孫南基)

金・火・火: 순조롭게 성공하는 듯 하지만 곧 불행이 닥친다. 불평 불만이 많고, 잘난 체하며 거만하다. 신경쇠약 등 병질이 염려된다.
심대덕(沈大德)

金・火・土: 초년 환경이 불안정하고, 일시적 성공도 지속하기 어렵다. 말이 앞서며 잘난 체를 잘한다. 가정 불화, 신경 쇠약 등의 흉조가 있다.

장덕영(張德永)

金・火・金: 겉으로는 평범해 보이나 내면은 그렇지 않으며 오만하다. 가정 불화, 불신, 병난, 신경 쇠약 등의 흉조가 있다.

진덕순(陳德順)

金・火・水: 불안정한 운세로 발전과 성공은 힘들다. 대인 관계도 원만치 못하며, 가정운도 좋지 않다. 재난・실패 등이 많고, 건강도 좋지 않다.

주태민(朱泰民)

金・土・木: 자존심이 강하고, 일시적인 성공은 하지만 곧 쇠퇴하여 좌절에 빠지며 가정 불화가 생긴다. 길흉이 반복되니 발전성이 없다. 자녀로 인해 고뇌하며, 각종 질환에 신경 써야 한다.

차영균(車永均)

金・土・火: 기반이 튼튼하니 발전 성공운이 순조롭고, 명예와 부귀를 얻는다. 그러나 수리가 길하면 의외로 성공하나 말년은 불행해질 수 있다. 각종 질병, 변동의 흉조도 있다.

주영대(周永大)

金・土・土: 의지가 굳고 근면하여 순조롭게 발전 성공한다. 일신이 평안하고 행복하다. 윗사람의 인덕도 있고, 자녀들과 화평하게 지낸다. 심신이 건강하며, 행복하게 장수한다.

최영환(崔永煥)

金・土・金: 무슨 일이든 순조롭게 발전하며 목적을 이룬다. 집안이 융창하며 성격도 원만하고, 명예와 복록이 충만한다. 심신이 건전하니 행복하게 장수한다.

최완순(崔完順)

金・土・水: 일시적 성공으로 한때는 행복을 누리나 운이 쇠퇴하여 생각지도 않은 불상사가 생긴다. 인내심이 부족하고 덕이 없다. 가정 불화 등의 흉조가 있다.

서영민(徐永敏)

金・金・木: 일시적 성공운은 있으나 쇠운의 징조가 있다. 감정도 예민하고 성격이 강해 불화가 생기니 부부 이별, 질병 등이 염려된다.

손순기(孫順基)

金・金・火: 일시적으로 목적을 달성하나 자기 분수를 모르기에 운세가 불안정하여 매사 실패하므로 곤경에 처한다. 가정도 원만치 못해 부부 불화, 병난 등의 우려가 있다.

성신락(成信洛)

金・金・土: 심신이 건전하며 장수한다. 성격이 강하면서도 하는 일이 순조롭게 성공하여 명예와 부를 함께 얻는다. 그러나 수리가 불리하면 실패하고, 가정적으로 불행하거나 의외의 재난을 만날 수도 있다.

정성호(丁成鎬)

金・金・金: 성공 발전할 수 있는 운이다. 지혜롭고 재주도 있으나, 본인의 재주만 믿고 잘난 체하는 것이 결점으로 기반을 스스로 무너뜨리기도 한다. 성격적 과단성으로 불화 시비가 우려되고, 부부가 반목하거나 가족과 이별수가 있으며, 고독한 면도 있다.

서상순(徐相淳)

金・金・水: 순조롭게 성공하여 이름을 떨치나 지나치게 성격이 강해 남과의 조화로움이 없다. 급변・불화・병약 등이 염려된다.

지준명(池準明)

金・水・木: 조상의 음덕으로 부와 명예도 얻으며 발전 성공한다. 다만 가정운이 나빠 불화・병약 등이 염려된다.

석민경(石敏慶)

金・水・火: 조상의 음덕으로 의외의 성공은 하지만 점차 운이 쇠퇴하여 곤경에 처한다. 처자를 극하며 이별・급변 등의 흉조가 우려된다.

신만덕(申萬德)

金・水・土: 순조롭게 발전 성공하는 것은 조상의 음덕이나 점차 그 기운이 쇠하여 실패하고 만다. 처자와의 인연도 박하다.

천병환(千炳煥)

金・水・金: 기초가 튼튼하고 부모 덕이 있어 생각 외로 발전하는 운이며, 가정도 화목하고 재물운도 좋다. 여자는 남편 덕이 있고, 자식이 효도한다. 수리가 나쁘면 재화를 당하기도 한다.

최민식(崔敏植)

金・水・水: 사교적이나 욕심이 많으며, 조상 음덕으로 발전 성공한다. 그러나 중반 이후에는 고난이 중중하니 실패할 우려가 있다. 가정적으로는 불행・병약 등이 염려스럽다.

추부민(秋夫民)

水

水・木・木: 기초가 튼튼하고 심신이 건강하며, 초반에는 곤고하나 후반에는 좋은 운으로서 윗사람의 도움과 본인의 노력으로 능히 순조롭게 발전 성공하고, 행복하게 장수한다. 그러나 수리가 좋지 않으면 고독하다.

민기근(閔基根)

水・木・火: 부모와 조상의 음덕으로 순조롭게 발전 성공하여 평안을 얻는다. 수리가 나쁘면 가정적으로 불행하며 고독하기도 한다.

박근덕(朴根德)

水・木・土: 기초가 튼튼하니 가뭄에 단비인 듯 왕성한 운세로 일취월장하여 발전 성공한다. 가정운도 원만하여 행복하게 장수한다. 성품은 온화하고 이해심도 많으며 감성도 풍부하다.

박경원(朴京遠)

水・木・金: 초년에는 순조롭게 성공하나 일시적이요, 변동과 재화로 실패한다. 심신 과로, 병난 등의 흉조가 따른다.

방경선(方慶仙)

水・木・水: 초년에는 변화・실패가 있으나 후반에는 노력으로 목적 달성하고 행복하다. 두뇌가 좋고, 감성도 풍부하다. 그러나 사치에 빠지면 곤고할 수 있고, 병약 등의 염려가 있다.

문경민(文京民)

水・火・木: 부모 조상 덕도 없으며 노력의 대가도 없어 초년에는 고생스러우나 후반에는 귀인의 도움으로 목적을 달성하니 많은 욕심을 버려야 한다. 심장 질환, 급변 등이 우려된다.

복남기(卜南基)

水・火・火: 육친의 덕도 없고 심신이 불건전하니 급하고 과격하다. 정직한 면이 있어 일시적으로 성공하기도 하나 급변・재화 등으로 가정이 좋지 않다. 흉조가 따른다.

변동남(卞東南)

水・火・土: 기초가 불안정하고 덕이 없으니 성공운도 없다. 조급하고 용기도 없다. 불평 불만이 많고, 급변・병난 등의 흉조가 따른다.

박덕현(朴德鉉)

水・火・金: 급한 성격에 예민하고, 용기도 없다. 매사에 무기력하니 성과도 없다. 인덕도 인연도 모두 박하니 고독하다. 건강운, 가정운도 좋지 않으며, 급변・병난의 흉조가 있다.

박덕준(朴德俊)

水・火・水: 운세가 불안하며 매사 평탄치 않으니 성공하기 어렵고, 가정적 파란과 건강 악화 등의 흉액이 있다.

마태명(馬泰明)

水・土・木: 기초가 불안정하니 성공운도 부족하고 실패하기 쉽다. 또한 무례하고 허영심이 많아 불행을 자초한다. 가정도 좋지 않고 파란・건강 악화 등의 흉조도 있다.

박영규(朴永奎)

水・土・火: 어렵게 난관을 극복하고 성공의 문턱에 도달하나 실패로 돌아간다. 기분파이나 허영심이 많다. 병약・불행의 흉조가 있다.

민형남(閔亨南)

水・土・土: 어려움 끝에 일시적 성공은 하나 그 운이 약해 오래 지속하지 못한다. 항상 곤란함과 장애가 있어 실패의 쓴잔을 마시며 급변, 각종 질환 등이 염려스럽다.

박영호(朴榮浩)

水・土・金: 자존심이 강하며, 소극적이다. 일시적인 성공은 따르나 장애가 돌발하여 뜻을 이루기 어렵다. 뜻밖의 재난을 당하며, 건강을 조심해야 한다.

박영춘(朴永春)

水・土・水: 예의도 없고, 허영심이 많다. 지나친 욕심으로 화를 자초하며, 모든 생활이 불안정하니 책임감도 없고 장애와 급변이 따른다.

민형만(閔亨萬)

水・金・木: 예민하고 편협한 성격이다. 초반은 순조로울 수 있으나 일생 동안 변화와 변동이 심하여 품은 뜻을 이루지 못한다. 처자를 극하고 신경성 질병, 병난의 우려가 있다.

민진기(閔鎭基)

水・金・火: 모든 일이 처음에는 순조로워 목적을 달성하나 곧 운이 쇠퇴하여 불행의 길을 걷는다. 분수도 모르며 제멋대로이다. 부모 자식간에도 인연이 박하고, 과로・급변 등의 흉조가 따른다.

박성두(朴成斗)

水・金・土: 총명하며 주관이 있고, 배짱과 통솔력도 있다. 모든 일이 여의하고 발전이 순조로워 목적을 달성한다. 가정운도 좋아서 편안하고 심신 건강하니 행복하게 장수한다. 부귀영화를 누리며 성공한다.

박정현(朴正賢)

水・金・金: 총명하며 지혜와 재주가 출중하니 성공운이 순조롭다. 심신이 건강하니 행복과 영화를 누리며 장수한다. 다만, 완강한 성격으로 사소한 일로 인해 손해를 입을 수 있으니 이 점만 보완하면 좋겠다.

박진성(朴鎭成)

水・金・水: 성격이 온순하며, 대인 관계가 좋다. 인덕이 있어 성공하지만 신체가 허약하니 지탱하기 어렵다. 불의의 일로 인해 어려움과 좌절을 겪을 수도 있고, 고독하다.

박성민(朴成玟)

水・水・木: 마음은 크지만 뜻대로 되지 않으니 답답한 심정이다. 자신을 너무 믿어 허황된 꿈을 꾸며, 방탕하기 쉽다. 부모 덕으로 성공하여 안정되지만 파란이 따르며, 병약 등이 염려된다.

민병규(閔秉圭)

水・水・火: 용감하고 배짱도 있으나 지나친 고집으로 인하여 그 뜻이 이루어지지 않는다. 또한 신경질적이며 자신을 너무 믿는 나머지 대업에 실패하고, 파란이 많다. 처자식을 극하며, 고독하다. 병약이 염려스럽다.

배민택(裵玟澤)

水・水・土: 총명하여 순조롭게 전반은 성공하나 자신을 너무 믿는 나머지 후반에는 실패하니 일시적일 뿐이다. 재난과 급변으로 가정 불화가 심하고, 고독과 병약 등의 흉조가 따른다.

모민우(毛民雨)

水 · 水 · 金: 기초가 튼튼하여 발전 성공운이 순조롭다. 재산과 명예를 함께 얻는다. 자신을 과신하는 성격이며, 노력형이다. 크게 성공하는 경우가 있으나 방탕으로 인해 가정 불화도 생기며, 실패의 경우도 있다. 고독·병약의 흉조도 있으나 다시금 일어나는 운도 있다.

박명진(朴明鎭)

水 · 水 · 水: 마음만 있고 뜻대로 되지 않으니 성공운이 있어도 점차 쇠퇴하여 변화가 많고, 가정이 파탄에 빠진다. 고독·병약의 흉조도 있으나 수리가 길하면 크게 성공하는 경우도 있다.

민병문(閔炳文)

2. 자변오행(字邊五行)

- **木**: 木(목), 艹 · 艸(두), 禾(화), 生(생), 衣 · 衤(의), 竹(죽)
  米(미), 糸(사), 角(각), 靑(청), 頁(혈), 風(풍), 香(향)
  食(식), 麻(마), 黍(서), 龍(용)

- **火**: 火 · 灬(화), 心 · 忄(심), 日(일), 目(목), 示(시), 見(견), 赤(적)
  馬(마), 高(고), 鳥(조), 飛(비)

- **土**: 土(토), 己(기), 山(산), 牛(우), 穴(혈), 田(전), 石(석)

羊(양), 辰(진), 艮(간), 谷(곡), 里(리), 邑 · 阝(읍), 阜 · 阝(부)
黃(황)

• **金:** 金(금), 刀 · 刂(도), 戈(과), 白(백), 玉(옥), 貝(패), 辛(신)
酉(유)

• **水:** 水 · 氵(수), 口(구), 子(자), 女(녀), 井(정), 月(월), 玄(현)
血(혈), 魚(어), 黑(흑)

자변오행(字邊五行)이란 글자의 변으로 오행(五行)을 정하는 것을 말한다.

杜(두), 材(재), 松(송), 柏(백), 桂(계), 植(식) 등의 글자는 木
炤(소), 炳(병), 烔(동), 烈(열), 焄(훈), 炅(경) 등의 글자는 火
圭(규), 坊(방), 坪(평), 培(배), 垈(대), 坤(곤) 등의 글자는 土
釣(조), 鉛(연), 銀(은), 錦(금), 鉍(필), 錫(석) 등의 글자는 金
汀(정), 江(강), 沈(심), 汗(한), 沐(목), 泳(영) 등의 글자는 水

사주(四柱)를 보아 신약(身弱)한 사주는 위의 오행(五行)으로 보(補)하거나 지나치게 강왕(强旺)한 사주는 오행(五行)을 설기(洩氣)하여 자변오행(字邊五行)으로 중화(中和)시킨다.

3. 음령오행(音靈五行)의 유의 사항

음령오행(音靈五行)을 보는 데 있어서 다음 글자는 '土'로 보기 쉬우나

'火'로 본다.

양(량: 梁, 良, 樑, 兩, 糧, 諒)

여(녀: 女)

여(려: 呂, 侶, 麗)

역(력: 力, 歷, 曆)

연(련: 連, 戀, 練, 鍊, 蓮, 聯)

열(렬: 列, 烈, 洌)

영(령: 令, 伶, 昤, 姈, 怜, 玲, 領, 齡, 嶺, 靈, 寧, 逞)

염(념: 念)

용(룡: 龍)

유(류: 劉, 琉, 柳, 留, 流, 類)

예(례: 例, 禮)

육(륙: 六, 陸)

윤(륜: 侖, 倫, 崙, 綸, 輪)

율(률: 律, 栗, 率)

융(륭: 隆)

이(리: 李, 利, 梨, 莉, 里, 俚, 理, 離, 履, 璃, 吏, 裏)

인(린: 潾, 隣, 璘, 譾)

임(림: 林, 琳, 霖, 臨)

입(립: 立, 粒, 笠)

5장

좋은 이름 지을 수 있는 획수

1. 좋은 이름의 획수(劃數)

＊ 상단의 숫자는 성의 획수, 하단의 2자는 이름 획수

2	2	2	2	2	2	2	2	2	2	2	2	2	2	2
1	1	1	3	3	4	4	4	4	5	5	9	9	9	9
4	14	22	3	13	1	9	11	19	11	16	4	6	14	22
2	2	2	2	2	2	2	2	2	2	2	2	2	2	2
11	11	11	13	13	13	14	14	14	14	14	14	15	15	19
4	5	22	3	6	22	1	9	15	19	21	23	16	22	4
2	2	2	2	3	3	3	3	3	3	3	3	3	3	3
19	19	22	23	2	2	3	3	4	4	8	8	8	8	8
16	24	9	14	13	30	10	12	14	28	5	10	13	21	24
3	3	3	3	3	3	3	3	3	3	3	3	3	3	3
10	10	10	10	12	12	12	12	13	13	13	14	14	14	14
5	8	11	22	3	20	23	26	2	8	22	4	15	18	21
3	3	3	3	3	3	3	3	3	3	4	4	4	4	4
15	15	18	18	18	20	20	20	22	22	1	1	2	2	3
14	20	3	14	20	12	15	18	13	23	2	12	1	11	4
4	4	4	4	4	4	4	4	4	4	4	4	4	4	4
3	3	4	4	4	7	7	9	9	9	9	9	11	11	11
14	28	3	13	21	14	28	2	12	20	22	28	2	14	20
4	4	4	4	4	4	4	4	4	4	4	4	4	4	4
11	12	12	12	12	12	13	13	13	13	14	14	14	14	14
22	1	13	17	19	21	4	12	20	22	3	7	11	17	19
4	4	4	4	4	4	4	4	4	4	4	4	4	4	4
14	17	17	17	19	19	20	20	20	20	20	21	21	21	25
21	14	20	24	2	12	1	11	13	17	21	4	12	14	12

5	5	5	5	5	5	5	5	5	5	5	5	5	5	5
1	2	2	2	3	3	6	6	6	8	8	8	8	10	10
12	6	11	16	3	13	10	12	18	3	8	10	24	3	6
5	5	5	5	5	5	5	5	5	5	5	5	5	5	5
10	10	10	11	11	12	12	12	13	13	13	13	16	16	18
8	16	23	2	13	6	12	20	3	11	19	20	2	16	6
5	5	5	5	5	6	6	6	6	6	6	6	6	6	**6**
19	20	20	24	26	1	1	5	5	5	7	7	7	7	**9**
13	13	27	8	6	10	17	10	12	18	10	11	18	25	**9**
6	6	6	6	6	6	6	6	6	6	6	**6**	6	6	6
9	10	10	10	10	11	11	11	12	12	12	**12**	12	15	15
23	5	7	15	19	7	12	18	5	11	17	**19**	23	10	17
6	6	6	6	6	6	6	6	6	**6**	6	6	6	7	7
15	17	17	18	18	18	18	18	19	**19**	23	23	23	1	4
18	12	18	5	7	11	15	17	6	**12**	9	10	12	24	14
7	7	7	7	7	7	7	7	7	**7**	7	7	**7**	7	7
4	6	6	6	8	8	8	8	8	**8**	8	9	**9**	9	9
28	10	11	18	8	9	10	11	16	**17**	24	8	**9**	16	22
7	7	7	7	7	7	7	7	7	7	7	7	**7**	**7**	7
10	10	10	10	11	11	14	14	14	16	16	16	**17**	**17**	18
6	8	14	22	6	14	10	11	18	8	16	22	**8**	**24**	6
7	7	7	8	8	8	8	8	8	8	8	**8**	8	8	8
22	22	22	3	3	3	5	5	5	7	7	**7**	7	8	8
9	10	16	10	13	21	10	16	24	10	16	**17**	24	5	7
8	8	8	**8**	8	8	8	8	8	8	8	8	8	8	8
8	8	8	**8**	8	8	8	9	9	9	9	9	10	10	10
8	9	15	**16**	17	21	23	7	8	15	16	24	3	5	7
8	8	8	8	8	8	8	8	8	8	8	8	8	8	8
10	10	10	10	13	13	13	13	13	15	15	15	15	15	16
13	15	21	27	3	8	10	16	24	8	9	10	16	24	5
8	**8**	8	8	8	8	8	8	8	8	8	8	8	8	8
16	**16**	16	16	16	16	16	17	17	17	21	21	21	21	23
7	**8**	9	13	15	17	21	7	8	16	3	8	10	16	8
8	8	8	8	8	8	8	9	9	9	9	**9**	9	9	**9**
23	23	24	24	24	24	24	2	2	2	4	**6**	6	7	**7**
10	16	5	7	9	13	15	4	14	22	12	**9**	23	8	**9**

9	9	9	9	9	9	9	9	9	9	9	9	9	9	9
7	8	8	8	8	9	9	9	9	12	12	12	14	14	14
22	7	8	15	16	6	7	15	20	4	12	20	6	9	15
9	9	9	9	9	9	9	9	9	9	9	9	9	10	10
14	15	15	15	15	16	16	16	16	20	20	20	22	1	1
24	8	9	14	23	7	8	16	22	4	9	12	2	5	6
10	10	10	10	10	10	10	10	10	10	10	10	10	10	10
1	1	3	3	3	5	5	6	6	6	6	6	7	7	7
14	22	3	8	22	6	8	5	7	15	19	23	6	8	14
10	10	10	10	10	10	10	10	10	10	10	10	10	10	10
7	8	8	8	8	8	8	11	11	13	13	14	14	14	14
22	3	5	7	13	15	21	14	21	8	22	1	7	11	15
10	10	10	10	10	10	10	10	11	11	11	11	11	11	11
14	15	15	15	15	21	22	23	2	2	2	4	4	5	5
21	6	8	14	22	14	1	6	4	5	22	14	20	2	13
11	11	11	11	11	11	11	11	11	11	11	11	11	11	11
6	6	6	7	7	10	12	12	13	13	14	14	18	20	20
7	12	18	6	14	14	6	12	5	24	7	10	6	4	21
11	11	12	12	12	12	12	12	12	12	12	12	12	12	12
21	22	1	1	3	3	4	4	4	4	4	4	5	5	5
20	2	4	20	3	20	1	9	13	17	19	21	6	12	20
12	12	12	12	12	12	12	12	12	12	12	12	12	12	12
6	6	6	6	9	9	12	12	12	13	13	13	17	17	19
5	11	17	19	4	12	9	13	23	4	12	20	6	12	4
12	12	12	12	12	12	12	12	13	13	13	13	13	13	13
19	20	20	20	20	20	21	21	2	2	2	3	3	3	4
6	1	3	5	9	13	4	12	3	16	22	2	8	22	12
13	13	13	13	13	13	13	13	13	13	13	13	13	13	13
4	5	5	5	8	8	8	8	10	11	11	12	12	12	16
20	11	19	20	8	10	16	18	22	5	24	4	12	20	2
13	13	13	13	13	13	13	13	13	13	13	13	13	13	14
16	16	16	19	19	19	20	20	20	20	22	22	22	22	1
8	16	19	5	16	20	4	5	12	19	2	3	10	26	2
14	14	14	14	14	14	14	14	14	14	14	14	14	14	14
1	1	1	2	2	2	2	2	2	3	3	3	3	4	4
10	17	23	1	9	15	19	21	23	4	15	18	21	3	7

14	14	14	14	14	14	14	14	14	14	14	14	14	14	14
4	4	4	4	7	7	7	7	9	9	9	9	10	10	10
11	17	21	27	4	10	17	18	2	9	15	24	1	7	11
14	14	14	14	14	14	14	14	14	14	14	14	14	14	14
10	10	11	11	11	15	15	15	17	17	17	18	18	19	19
15	21	4	7	10	21	18	23	4	7	21	3	7	2	4
14	14	14	14	14	14	14	15	15	15	15	15	15	15	15
19	21	21	21	21	21	23	1	1	2	2	2	3	3	3
19	2	3	4	10	17	2	2	16	14	16	22	3	4	14
15	15	15	15	15	15	15	15	15	15	15	15	15	15	15
3	6	6	6	8	8	8	9	9	9	9	10	10	10	10
20	10	17	18	10	16	24	8	9	14	23	6	8	14	22
15	15	15	15	15	15	15	15	15	15	15	15	15	15	15
14	14	14	14	14	16	16	16	16	17	17	17	18	18	20
2	3	9	10	18	2	8	16	17	6	16	20	6	14	3
15	16	16	16	16	16	16	16	16	16	16	16	16	16	16
20	1	1	1	2	2	2	2	2	2	5	5	5	7	7
17	5	16	22	5	13	15	19	21	23	2	8	16	8	9
16	16	16	16	16	16	16	16	16	16	16	16	16	16	16
7	7	8	8	8	8	8	8	8	9	9	9	9	13	13
16	22	5	7	9	13	15	17	21	7	8	16	22	2	8
16	16	16	16	16	16	16	16	16	16	16	16	16	16	16
13	13	15	15	15	15	16	16	16	16	16	16	17	17	19
16	19	2	8	16	17	5	7	9	15	16	25	8	15	2
16	16	16	16	16	16	16	17	17	17	17	17	17	17	17
19	19	21	21	22	22	22	1	1	1	1	4	4	4	6
13	22	2	8	7	9	19	6	14	15	20	12	14	20	1
17	17	17	17	17	17	17	17	17	17	17	17	17	17	17
6	7	7	7	8	8	8	12	12	12	14	14	14	15	15
18	8	14	24	7	8	16	4	6	12	4	7	21	6	16
17	17	17	17	17	17	18	18	18	18	18	18	18	18	18
18	20	20	20	21	24	3	3	5	5	6	6	6	6	6
6	1	4	15	4	7	4	20	6	24	5	7	11	15	17
18	18	18	18	18	18	18	18	18	18	18	18	19	19	19
6	7	7	11	14	14	14	15	15	19	20	20	2	2	4
23	6	14	6	3	7	15	6	14	20	3	19	4	14	12

19	19	19	19	19	19	19	19	19	19	19	19	19	19	19
4	4	5	6	6	10	10	12	12	12	12	13	13	14	14
14	29	13	10	12	6	19	4	6	20	26	16	20	4	19
19	19	19	19	19	19	19	19	19	19	20	20	20	20	20
16	16	16	18	19	19	19	20	20	22	1	1	1	3	3
6	13	22	20	10	14	19	13	18	16	4	12	17	12	15
20	20	20	20	20	20	20	20	20	20	20	20	20	20	20
4	4	4	4	4	4	5	5	9	9	9	11	11	12	12
1	9	11	13	17	21	12	13	4	9	12	4	21	1	3
20	20	20	20	20	20	20	20	20	20	20	20	20	20	20
12	12	12	13	13	13	13	15	15	17	17	18	18	19	21
5	9	13	4	5	12	19	3	17	4	15	3	19	13	4
20	21	21	21	21	21	21	21	21	21	21	21	21	21	21
21	2	2	2	3	3	3	4	4	4	8	8	8	8	10
11	14	16	22	8	14	28	12	14	20	3	8	10	16	8
21	21	21	21	21	21	21	21	21	21	22	22	22	22	22
10	11	12	12	14	16	16	17	20	20	1	1	1	1	2
14	20	4	14	4	1	8	14	4	11	2	10	15	16	1
22	22	22	22	22	22	22	22	22	22	22	22	22	22	22
2	2	2	2	2	3	3	3	7	7	9	9	9	10	10
9	11	13	15	23	10	13	20	10	16	2	7	16	1	3
22	22	22	22	22	22	22	22	22	22	22	22	22	22	23
10	10	10	11	13	13	13	15	16	16	16	16	19	23	1
7	13	15	2	2	3	10	10	1	7	9	19	16	2	15
23	23	23	23	23	23	23	23	23	23	23	23	23	23	23
1	2	2	2	6	6	6	6	8	8	8	9	9	9	10
24	14	16	22	9	10	12	19	8	10	16	9	15	16	6
23	23	23	23	23	23	23	23	23	23	23	23	23	23	23
10	10	10	12	14	14	14	15	15	15	16	16	16	18	22
8	14	15	12	1	10	15	9	10	14	2	8	9	6	2
24	24	24	24	24	24	24	24	24	24	24	24	24	24	24
1	1	5	7	7	8	8	8	8	8	9	9	9	11	13
14	23	8	14	17	5	7	9	13	15	8	14	15	13	8
24	24	24	24	24	24	24	25	25	25	25	25	25	25	25
13	13	14	14	15	15	17	4	6	6	8	10	10	10	12
11	24	7	9	8	9	7	2	7	10	8	6	13	22	4

25	25	25	25	25	30	30	30	30	30	30	30	30	30	30
12	13	16	16	20	1	2	2	2	3	3	5	7	7	8
20	10	7	16	12	17	5	9	15	8	15	2	8	11	7
30	30	30	30	30	30	30								
8	9	9	9	11	15	15								
9	2	9	22	7	3	22								

2. 수리(數理)의 길흉표(吉凶表)

＊ ○: 좋음(吉), ×: 나쁨(凶), △: 반은 좋고 반은 나쁨(半吉半凶)

1	2	3	4	5	6	7	8
○	×	○	×	○	△	○	△
9	10	11	12	13	14	15	16
×	×	○	×	○	×	○	○
17	18	19	20	21	22	23	24
○	○	×	×	○	×	○	○
25	26	27	28	29	30	31	32
○	×	×	×	○	×	○	○
33	34	35	36	37	38	39	40
○	×	○	×	○	○	○	×
41	42	43	44	45	46	47	48
○	×	×	×	○	×	○	○
49	50	51	52	53	54	55	56
×	×	△	○	×	×	△	×
57	58	59	60	61	62	63	64
△	○	×	×	○	×	○	×
65	66	67	68	69	70	71	72
○	×	○	○	×	×	○	△

① 성(姓)은 1자, 이름은 2자 (一字姓 二字名)

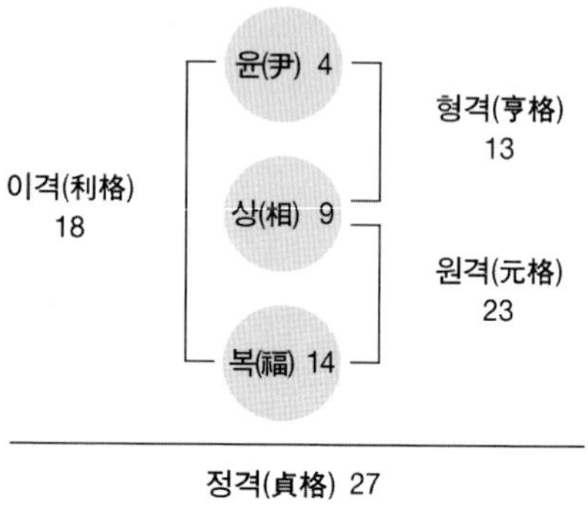

- 획수 : 4 9 14
- 오행 : 土 金 水

- 원격(23) : 점차 발전, 부귀 공명
- 형격(13) : 성공 발전, 존경
- 이격(18) : 목적 달성, 재산 풍요
- 정격(27) : 자부심 강함, 겸손 요망

- 오행(土金水) : 행운이 따르고 목적달성하며 성공한다.
  단, 건강은 조심하여야 한다.

※ 토생금(土生金), 금생수(金生水)하니 순행을 하며, 또한 수리가 좋다. 복록을 누리며 목적 달성하니 결코 자만하지 말고 겸손을 지켜야 한다.

② 성(姓)은 2자, 이름은 1자

(二字姓 一字名)

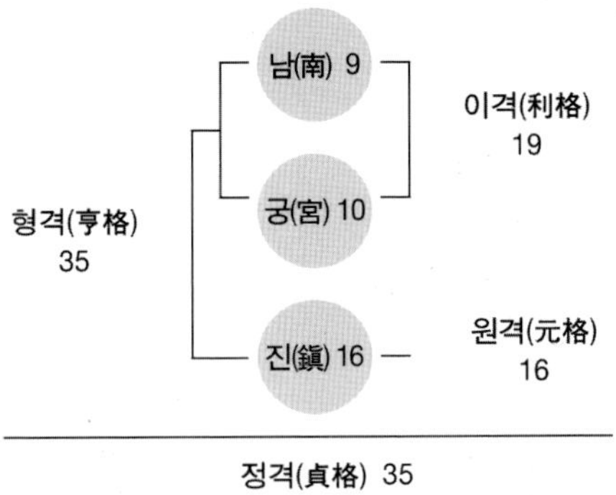

- 획수 : 9 10 16
- 오행 : 火 木 金

- 원격(16) : 가정 발전, 목적 달성
- 형격(35) : 행복, 부귀 장수
- 이격(19) : 일시 성공, 좌절
- 정격(35) : 온순, 노력 안정

- 오행(火木金) : 하극상이 발생하니 가정운이 불행하다.
건강 또한 좋지 않다.

※ 목생화(木生火), 화극금(火剋金)하니 일신이 불안정하다.
오행은 좋지 않으나, 수리는 좋다.

③ 성(姓)이 2자, 이름도 2자
(二字姓 二字名)

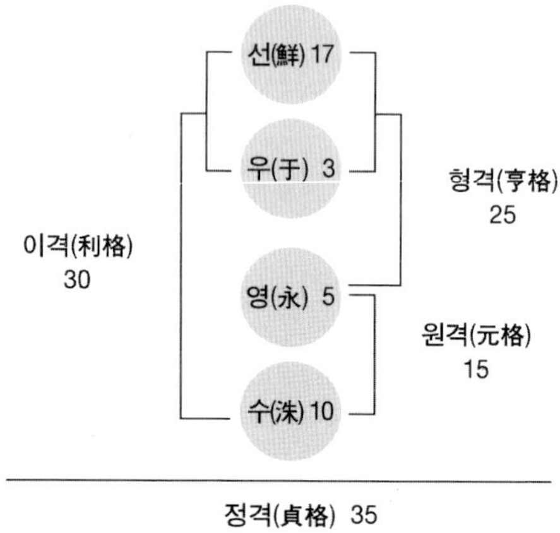

- 획수 : 17 3 5 10
- 오행 : 金 土 土 金

- 원격(15) : 대업 성취, 가업 부흥
- 형격(25) : 성공 발전
- 이격(30) : 목적 달성, 고명 부귀
- 정격(35) : 안정된 운

- 오행(金土土金) : 순조롭게 발전하고, 일신이 평안하고 행복하다.
  가정이 원만하고 심신이 건강하여 장수한다.
  덕을 쌓는 운이다.

※ 토생금(土生金), 토생금(土生金)하니 대체로 오행이 잘 구성되어 있다.
수리 또한 좋다.

④ 성(姓)이 1자, 이름도 1자
(一字姓 一字名)

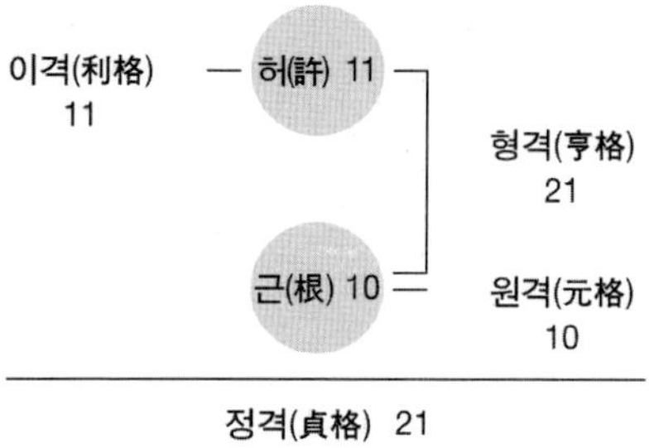

- 획수 : 11 10
- 오행 : 土 木

- 원격(10) : 일시 성공, 중도 좌절
- 형격(21) : 목적 달성, 번영 부흥
- 이격(11) : 대업 완수, 부귀 공명
- 정격(21) : 노력 성공, 명망 얻음

- 오행(土木) : 인덕이 없고 처자의 덕도 없으며, 발전이 느리다.
  고독하며 질병에 유의해야 한다.

※ 목극토(木剋土)하니 오행상으로는 좋지 않다.
수리는 좋다.

6장

작명(作名) 방법과 그 풀이

1. 한글 이름으로 좋지 않은 이름들

〈예 1〉 고우리 (乾名)

• 오행 : **木 土 火**

목극토(木剋土), 화생토(火生土)하니 부모와 윗사람의 덕은 없고, 아랫사람의 덕은 있으나 남자의 이름으로는 좋지 않다.

〈예 2〉 한다슬 (乾名)

• 오행 : **土 火 金**

화생토(火生土), 화극금(火剋金)하니 화(火)가 약해져서 건강도 약하며, 처자의 인연도 박하게 된다.

〈예 3〉 김다솜 (坤名)

• 오행 : **木 火 金**

목생화(木生火)하니 화(火)는 강해지나, 화극금(火剋金)하니 자식운이 좋지 않다. 초년운은 좋으나 후반이 좋지 않으니 일시적 발전은 꾀하나 오래 가지 못한다.

〈예 4〉 **나슬기** (坤名)

- 오행 : **火 金 木**

화극금(火剋金), 금극목(金剋木)으로 남편 또는 자식의 인연이 박하다. 가정적으로 즐거움도 없고, 뜻하는 목적도 불안하여 건강도 좋지 않다.

〈예 5〉 **차나래** (坤名)

- 오행 : **金 火 火**

화극금(火剋金), 화극금(火剋金)으로 화(火)가 많다. 부부간 이별로 고독하다. 마음이 급한 편으로 건강이 염려된다.

2. 한글과 한자가 혼용된 이름 풀이

金김 **馨**형 **旻**민

木 土 水

8 20 8 = 36

- 원격(28) : 손해, 이별, 변동
- 형격(28) : 손해, 이별, 변동
- 이격(16) : 대업 성취, 존경, 명예
- 정격(36) : 파란, 이별, 변동

- 오행 : 목극토(木剋土), 토극수(土剋水)하니 위아랫사람 인덕이 없고 항상 고독하다. 무슨 일에도 성과가 없고, 불행이 겹친다.

徐서 **廷**정 **模**모

金　金　水

10　7　15　=　32

- 원격(22) : 불안정, 성취 미약
- 형격(17) : 자부심, 존경, 목적 달성
- 이격(25) : 명예, 재물 원만
- 정격(32) : 발전 성공, 부귀 영화

- 오행 : 금생수(金生水), 금생수(金生水)하니 순조롭게 발전 성공한다. 고집스러움이 강해 조화로움이 부족하다. 건강이 염려된다.

李이 **晳**석 **勁**경

火　金　木

7　12　9　=　28

- 원격(21) : 대업 완수, 부귀 공명
- 형격(19) : 일시적 성공, 중도 좌절
- 이격(16) : 대업 성취, 부귀 영화
- 정격(28) : 재앙, 변동, 이별

- 오행 : 화극금(火剋金), 금극목(金剋木)하니 금(金)의 힘이 매우 약하다. 윗사람의 덕도 없고, 가정적 즐거움도 없다. 건강도 좋지

않으며, 흉조가 따른다.

安안 **珉**민 **昊**호

土	水	土		
8	10	8	=	26

- 원격(18) : 목적 달성, 풍요
- 형격(18) : 목적 달성, 풍요
- 이격(16) : 대업 성취, 부귀 영화
- 정격(26) : 일시적 성공, 파란, 이별

- 오행 : 토극수(土剋水), 토극수(土剋水)하니 수(水)의 힘이 굉장히 약하다. 기초가 불안하며, 노력해도 되는 일이 없다. 부모 처자의 덕도 없으며, 일시적 성공도 곤액만이 따른다.

3. 사주(四柱)를 풀어서 이름 짓는 법

＊ 건명(乾命)은 남자, 곤명(坤命)은 여자를 나타냄

〈예 1〉 **金氏乾命**

양력 2014. 11. 9. 20:00 출생

(음력 2014. 9. 17)

甲　甲　乙　甲
戊　申　亥　午

위의 사주는 오행(五行)에서 木의 기운이 대단히 강한 사주이다. 그러기에 강한 사주는 그 기운을 극(剋)하거나 설기(洩氣)하여야 하니 火·金변의 이름자가 들어가야 좋다.

金김 **德**덕 **奎**규

木　火　木

8　15　9　=　32

- 원격(24) : 창의력, 부귀 행운
- 형격(23) : 성공, 존경
- 이격(17) : 목적 달성, 존경
- 정격(32) : 발전 성공, 부귀

- 오행 : 木火木으로서 목생화(木生火), 목생화(木生火)하니 기초가 튼튼하고 발전 성공하며, 인덕도 있고 장수한다. 오행도 좋고 수리도 좋다.

〈예 2〉 **崔氏乾命**

양력 2012. 7. 27. 18:40 출생
(음력 2012. 6. 9)

癸 己 丁 壬

酉 丑 未 辰

위의 사주는 土의 힘이 강하다. 木도 없는 사주이기에 木변을 넣어 土의 힘을 극(剋)하여 중화시킴이 좋겠다.

崔최 **榮**영 **眞**진

金	土	金		
11	14	10	=	35

- 원격(24) : 창의력, 부귀 행운
- 형격(25) : 명예, 재물
- 이격(21) : 지도자, 부귀 공명
- 정격(35) : 부귀, 행복, 장수

- 오행 : 金土金으로서 순조롭게 목적 달성, 명예, 건강, 행복으로 오행이 잘 구성되어 있으며, 수리 또한 좋다.

〈예 3〉 **麻氏坤命**

양력 2014. 11. 11. 18:00 출생

(음력 2014. 9. 19)

丁 丙 乙 甲

酉 戌 亥 午

위의 사주는 오행(五行)이 다 포함되어 있으며, 천간(天干)이 甲, 乙, 丙, 丁으로 나란히 되어 있는 사주이다.

麻마 **禎**정 **恩**은

水	金	土		
11	14	10	=	35

- 원격(24) : 창의력, 부귀 행운
- 형격(25) : 명예, 재물
- 이격(21) : 지도자, 부귀 공명
- 정격(35) : 부귀, 행복, 장수

- 오행 : 水金土로서 통솔력도 있고 발전 성공하며, 부귀영화의 길수이다. 오행 또한 잘 조화된 이름이다.

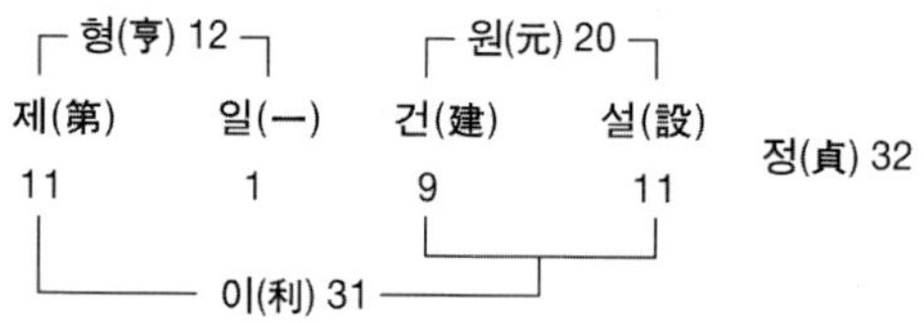

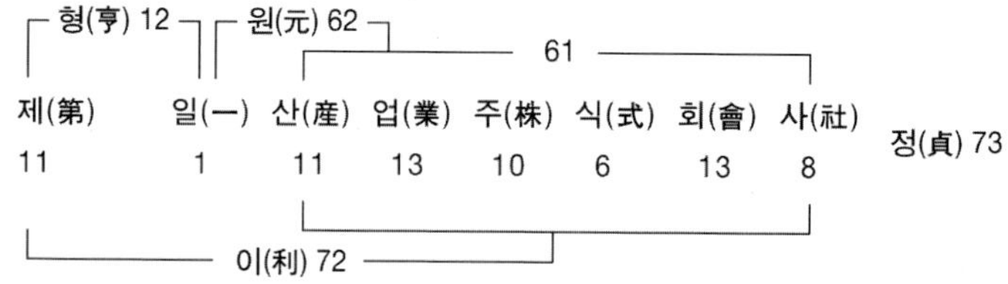

이와 같이 상호, 품명 또는 아호 등의 작명시에는 오행의 상생 관계 또는 합한 수리의 길흉을 따져 봐야 한다. 그 결과로 당사자(업주·개인)의 사주(四柱)를 보아 강한 사주는 설기(洩氣)하거나 극(剋)하는 오행(五行)으로, 약한 사주는 보(補)하는 오행(五行), 즉 용신(用神)이나 희신(喜神)이 되는 오행(五行)으로 하되 원형이정(元亨利貞) 사격(四格)을 맞추어 길(吉)한 수리로 한다.

4. 성자(姓字)의 획수

1획 : 을(乙)

2획 : 정(丁), 복(卜), 내(乃), 야(乜)

3획 : 천(千), 우(于), 대(大), 궁(弓), 범(凡), 간(干)

4획 : 공(孔), 변(卞), 문(文), 모(毛), 방(方), 원(元), 왕(王)
공(公), 윤(尹), 편(片), 윤(允), 부(夫), 금(今), 수(水)
개(介), 근(斤), 태(太)

5획 : 구(丘), 백(白), 사(史), 석(石), 신(申), 옥(玉), 전(田)
피(皮), 현(玄), 감(甘), 점(占), 포(包), 영(永), 좌(左)
사(司), 홍(弘), 을지(乙支)

6획 : 길(吉), 박(朴), 안(安), 백(百), 인(印), 모(牟), 전(全)
이(伊), 임(任), 주(朱), 곡(曲), 미(米), 후(后), 서(西)
선(先)

7획 : 이(李), 송(宋), 여(呂), 성(成), 신(辛), 오(吳), 차(車)
연(延), 강(江), 여(余), 지(池), 여(汝), 하(何), 군(君)

두(杜), 변(釆), 판(判)

8획 : 김(金), 임(林), 심(沈), 구(具), 주(周), 석(昔), 표(表)
기(奇), 탁(卓), 명(明), 맹(孟), 봉(奉), 경(京), 종(宗)
방(房), 상(尙), 야(夜), 승(承), 승(昇), 내(奈), 장(長)
창(昌), 사(舍)

9획 : 류(柳), 강(姜), 류(兪), 함(咸), 남(南), 우(禹), 선(宣)
추(秋), 하(河), 성(星), 표(表), 위(韋), 단(段), 준(俊)
요(姚), 시(施), 편(扁), 시(柴)

10획 : 고(高), 골(骨), 서(徐), 손(孫), 홍(洪), 계(桂), 마(馬)
예(芮), 은(殷), 원(袁), 진(秦), 진(晉), 화(花), 구(俱)
하(夏), 진(眞), 강(剛), 옹(邕)

11획 : 양(梁), 장(張), 조(曹), 최(崔), 허(許), 강(康), 어(魚)
설(卨), 장(章), 장(將), 빈(彬), 호(胡), 국(國), 방(邦)
해(海), 매(梅), 마(麻), 호(扈), 반(班), 범(范), 형(邢)
견(堅), 낭(浪), 강(强)

12획 : 민(閔), 황(黃), 경(景), 구(邱), 소(邵), 순(荀), 팽(彭)
요(堯), 지(智), 정(程), 운(雲), 풍(馮), 유(庾), 증(曾)
삼(森), 이(異), 순(順), 안(雁), 일(壹), 필(弼), 소실(小室)
대실(大室), 동방(東方)

13획 : 금(琴), 양(楊), 염(廉), 장(莊), 목(睦), 초(楚), 가(賈)
우(虞), 탕(湯), 옹(雍), 돈(頓), 로(路), 뇌(雷), 아(阿)
설(楔), 사공(司公), 영고(令孤)

14획 : 조(趙), 신(愼), 국(菊), 배(裵), 기(箕), 연(連), 온(溫)
봉(鳳), 제(齊), 석(碩), 자(慈), 단(端), 견(甄), 연(鳶)

공손(公孫), 서문(西門), 석말(石抹)

15획 : 유(劉), 경(慶), 노(魯), 곽(郭), 동(董), 구(歐), 만(萬)
갈(葛), 만(滿), 한(漢), 엽(葉), 묵(墨), 빈(賓), 탄(彈)
사마(司馬), 중실(仲室)

16획 : 노(盧), 육(陸), 진(陳), 도(都), 반(潘), 곽(霍), 담(潭)
전(錢), 연(燕), 도(陶), 제(諸), 용(龍), 도(道), 뢰(賴)
음(陰), 황보(皇甫)

17획 : 한(韓), 양(陽), 장(蔣), 국(鞠), 채(蔡), 연(蓮), 추(皺)
종(鍾), 손(孫), 사(謝), 위(蔚)

18획 : 위(魏), 번(蕃), 간(簡), 안(顔)

19획 : 정(鄭), 설(薛), 방(龐), 온(薀), 관(關), 감(鑑), 강(疆)
남궁(南宮), 고이(古爾), 재회(再會)

20획 : 나(羅), 엄(嚴), 석(釋), 선우(鮮于)

21획 : 고(顧), 등(藤)

22획 : 은(隱), 변(邊), 권(權), 소(蘇), 부정(負鼎)

24획 : 부여(扶餘)

25획 : 독고(獨孤), 우후(憂候), 명임(明臨)

27획 : 흑치(黑齒), 조미(祖彌), 제초(齊楚)

30획 : 혁운(赫運)

31획 : 제갈(諸葛)

40획 : 장리(檣籬)

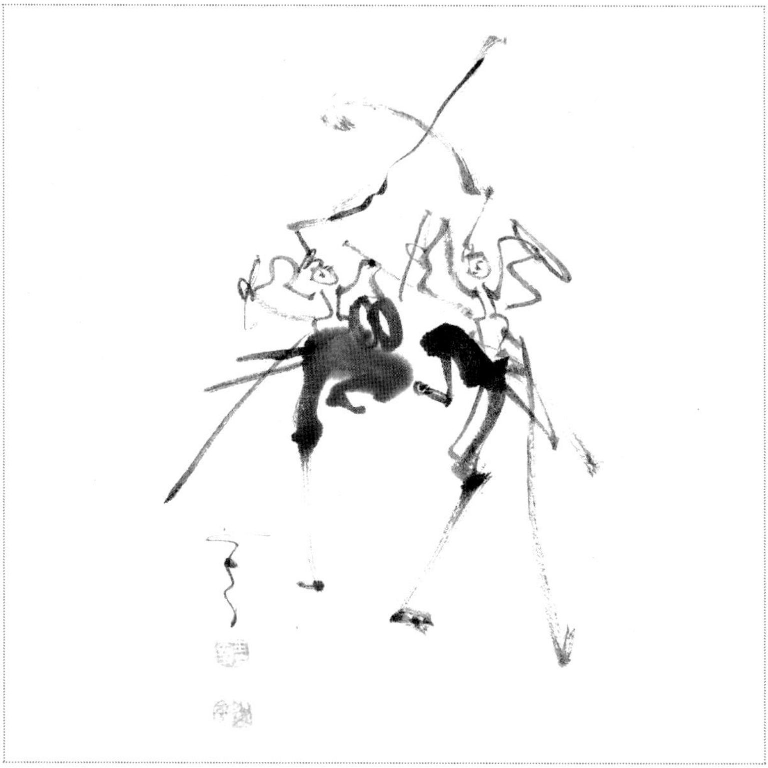

7장

인명용 한자(人名用漢字)

1. 인명용 한자 일람

대법원 공시 가족 관계의 등록 등에 관한 규칙 제37조에 의거 2007년 8월 현재 한문교육용 기초 한자에 추가 및 허용 한자를 더한 것으로서, 이 가운데 이름으로 쓸 수 없는 글자가 상당수 있으니 각별히 주의하여 선택해야 한다.

또한 특히 주의하여야 할 점은,

1. 인명용 한자 일람에 지정된 발음으로만 사용할 수 있으며, 그러나 첫소리(初聲)가 'ㄴ' 또는 'ㄹ'인 한자는 각각 소리나는 바에 따라 'ㅇ' 또는 'ㄴ'으로 사용할 수 있으며,
2. 동자(同字) · 속자(俗字) · 약자(略字)는 별도 표기 ( )에 따라 사용할 수 있고,
3. '示'변과 '衤' 변, '++'변과 '艹'변은 서로 바꾸어 쓸 수 있다.

   예: 福 = [福], 蘭 = [蘭]

가	家	佳	街	可	歌	加
	집 10	아름다울 8	거리 12	옳을 5	노래 14	더할 5
價	假	架	暇	嘉	嫁	稼
값 15	거짓 11	시렁 9	한가할 13	아름다울 14	시집갈 13	심을 15
賈	伽	柯	呵	哥	枷	駕
값 13	절 7	가지 9	꾸짖을 8	노래 10	도리깨 9	멍에 15
迦	珂	痂	苛	茄	袈	軻
부처이름 12	옥이름 9	딱지 10	매울 9	연줄기 9	가사옷 11	굴대 12
哿	舸	珈	嘏	跏		
좋을 10	큰배 11	머리꾸미개 9	클 14	책상다리할 12		
각	各	角	脚	閣	却	覺
	각 6	뿔 7	다리 13	집 14	물리칠 7	깨달을 20
刻	珏	恪	殼	慤		
새길 8	쌍옥 10	삼갈 10	껍질 12	삼갈 14		
간	干	間	看	刊	肝	幹
	방패 3	사이 12	볼 9	새길 5	간 9	줄기 13
簡	姦	懇	艮	侃	杆	(桿)
편지 18	간사할 9	정성 17	그칠 6	강직할 8	줄기 7	杆의 속자

玕	竿	揀	諫	墾	栞	奸
옥돌 8	낚시대 9	가릴 13	간할 16	개간할 16	깎을 10	범할 6
柬	澗	磵	稈	艱	癎	(癇)
가릴 9	계곡물 16	산골물 16	볏짚 12	어려울 17	간질 17	癎의 속자
忓	矸					
방해할 7	산돌 8					
갈	渴	葛	乫	喝	曷	碣
	목마를 13	칡 13	땅이름 6	꾸짖을 12	어찌 9	우뚝선돌 14
竭	褐	蠍	鞨			
다할 14	털옷 14	전갈 19	말갈 18			
감	甘	減	感	敢	監	鑑
	달 5	감할 13	느낄 13	용맹할 12	볼 14	거울 22
勘	堪	瞰	坎	嵌	憾	戡
다스릴 11	견딜 12	굽어볼 17	구덩이 7	산깊을 12	서운할 17	칠 13
柑	橄	疳	紺	邯	龕	
감자나무 9	감람나무 16	감질 10	감색 11	땅이름 12	감실 22	
갑	甲	鉀	匣	岬	胛	閘
	갑옷 5	갑옷 13	궤 7	산허리 8	어깨뼈 9	수문 13

강	江	降	講	強	康	剛
	물 7	내릴 14	익힐 17	힘셀 11	편안할 11	굳셀 10
鋼	綱	杠	堈	岡	姜	橿
강철 16	벼리 14	깃대 7	언덕 11	산등성이 8	성 9	박달나무 17
彊	慷	畺	疆	糠	絳	羌
굳셀 16	강개할 15	지경 13	지경 19	겨 17	진홍 12	굳셀 8
腔	舡	薑	茳	鏹	襁	
빈속 12	배 9	생강 17	천궁모종 10	돈 19	포대기 16	
개	改	皆	個	開	介	慨
	고칠 7	다 9	낱 10	열 12	중매할 4	강개할 15
槪	蓋	价	凱	愷	漑	塏
대강 15	덮을 16	클 6	이길 12	편안할 14	물댈 15	높고건조할 13
愾	疥	芥	豈	鎧	玠	
성낼 14	옴 9	겨자 10	즐길 10	갑옷 18	큰홀 9	
객	客	喀				
	손 9	토할 12				
갱	更	坑	粳	羹		
	다시 7	구덩이 7	메벼 7	국 19		

갹	醵					
	술잔치 20					
거	去	巨	居	車	擧	距
	갈 5	클 5	살 8	수레 7	들 18	떨어질 12
拒	據	渠	遽	鉅	炬	倨
막을 9	웅거할 17	개천 13	급할 20	클 13	횃불 9	거만할 10
据	祛	踞	鋸			
일할 11	떨어없앨 10	웅크릴 15	톱 16			
건	建	乾	件	健	巾	虔
	세울 9	하늘 11	조건 6	굳셀 11	수건 3	공경할 10
楗	鍵	愆	腱	蹇	騫	
세울문지방 13	자물쇠 17	허물 13	힘줄 13	절 17	어지러질 20	
걸	傑	杰	乞	桀		
	호걸 12	호걸이름 8	빌 3	홰 10		
검	儉	劍	檢	瞼	鈐	黔
	검소할 15	칼 15	검사할 17	눈꺼풀 18	비녀장 12	검을 16
겁	劫	怯				
	위협할 7	겁낼 9				

계	揭	偈	憩			
	들 13	쉴 11	쉴 16			
격	格	擊	激	隔	檄	膈
	격식 10	칠 17	격동할 17	막힐 18	격문 17	흉격 14
覡						
박수 14						
견	犬	見	堅	肩	絹	遣
	개 4	볼 7	굳을 11	어깨 10	비단 13	보낼 17
牽	鵑	甄	繭	譴		
이끌 11	뻐꾸기 18	질그릇 14	고치 19	꾸짖을 21		
결	決	結	潔	缺	訣	抉
	결단할 8	맺을 12	맑을 16	이지러질 10	비결 11	도려낼 7
焆	迼	玦	鍥			
불빛 11	될 13	패옥 8	낫 17			
겸	兼	謙	鎌	慊	箝	鉗
	겸할 10	겸손할 17	낫 18	찐덥지않을 14	재갈먹일 14	칼 13
嗛	傔					
겸손할 13	시중들 12					

경	京	景	經	庚	耕	敬
	서울 8	볕 12	글 13	별 8	밭갈 10	공경할 13
輕	驚	慶	競	竟	境	鏡
가벼울 14	놀랄 23	경사 15	다툴 20	마침내 11	지경 14	거울 19
熲	傾	硬	警	徑	卿	倞
빛날 15	기울어질 13	굳셀 12	경계할 20	지름길 10	벼슬 11	굳셀 10
鯨	坰	耿	炅	梗	憬	璟
고래 19	들 8	빛날 10	빛날 8	정직할 11	깨달을 16	옥빛 17
擎	儆	俓	頃	冏	涇	更
받들 17	경계할 15	곧을 9	이랑 11	빛날 7	통할 11	고칠 7
莖	勁	逕	勍	烱	璥	瓊
줄기 13	굳셀 9	길 14	힘셀 10	빛날 11	경옥 17	구슬 20
痙	罄	絅	脛	頸	鶊	檠
심줄당길 12	경쇠 16	끌어죌 11	정강이 11	목 16	꾀꼬리 19	도지개 17
冂	憼	巠	煚			
멀 2	공경할 17	지하수 7	빛날 14			

계	癸	季	界	計	鷄	系
	북방 9	끝 8	지경 9	셈할 9	닭 21	맬 7

係	戒	械	繼	契	桂	啓
이을 9	경계할 7	기계 11	이을 20	계약할 9	계수나무 10	열 11
階	繫	誡	烓	屆	悸	棨
섬돌 17	맬 19	경계할 14	화덕 10	이를 8	두근거릴 12	창 12
稽	谿					
머무를 15	시내 17					
고	古	故	固	苦	高	考
	옛 5	연고 9	굳을 8	쓸 11	높을 10	상고할 6
告	枯	姑	庫	孤	鼓	稿
고할 7	마를 9	시어미 8	곳집 10	외로울 8	북 13	볏짚 15
顧	叩	敲	皐	暠	呱	尻
돌아볼 21	두드릴 5	두드릴 14	언덕 11	흴 14	울 8	꽁무니 5
拷	槁	沽	痼	睾	羔	股
칠 9	마를 14	팔 9	고질 13	못 14	새끼양 10	넓적다리 8
膏	菰	藁	蠱	袴	誥	賈
살찔 14	줄 12	나무마를 18	독 23	바지 12	고할 14	장사 13
辜	錮	雇	杲	鼓		
허물 12	땜질할 16	품살 12	밝을 8	북칠 13		

곡	谷	曲	穀	哭	斛	梏
	골 7	굽을 6	곡식 15	울 10	헤아릴 11	쇠고랑 11
鵠						
고니 18						
곤	困	坤	昆	崑	琨	錕
	곤할 7	땅 8	맏 8	산이름 11	옥돌 13	구리 16
梱	棍	滾	鯤	衮		
문지방 11	몽둥이 12	흐를 15	곤이 19	곤룡포 10		
골	骨	汨	滑			
	뼈 10	빠질 8	어지러울 14			
공	工	功	空	共	公	孔
	장인 3	공 5	빌 8	한가지 6	귀 4	구멍 4
供	恭	攻	恐	貢	珙	控
이바지할 8	공손할 10	칠 7	두려울 10	바칠 10	큰옥 11	당길 12
拱	蚣	鞏	龔			
두손맞잡을 9	지네 10	묶을 15	공손할 22			
곶	串					
	곶 7					

과	果	課	科	過	誇	寡
	과실 8	과목 15	과거 9	지날 16	자랑할 13	적을 14
菓	跨	鍋	顆	戈	瓜	
과실 14	타넘을 13	노구솥 17	낟알 17	창 4	오이 5	
곽	郭	廓	槨	藿		
	성 15	클 14	덧널 15	콩잎 20		
관	官	觀	關	館	管	貫
	벼슬 8	볼 25	빗장 19	객사 17	대통 14	꿸 11
慣	冠	寬	款	琯	錧	灌
익숙할 15	갓 9	너그러울 15	정성스러울 12	옥저 13	보습관 16	물댈 22
瓘	串	棺	罐	菅	涫	輨
서옥 23	익힐 7	널 12	두레박 24	골풀 14	끓을 12	줏대 15
괄	括	刮	恝	适		
	맺을 10	깎을 8	여유없을 10	빠를 13		
광	光	廣	鑛	狂	侊	洸
	빛 6	넓을 15	쇳돌 23	미칠 8	클 8	물솟을 10
珖	桄	匡	曠	壙	筐	胱
옥피리 11	베틀 10	바를 6	빌 19	광 18	광주리 12	오줌통 10

괘	掛	卦	罫			
	걸 12	괘 8	줄 13			
괴	塊	愧	怪	壞	乖	傀
	덩어리 13	부끄러울 14	괴이할 9	무너질 19	어그러질 8	클 12
拐	槐	魁				
속일 8	홰나무 14	으뜸 14				
굉	宏	紘	肱	轟		
	클 7	갓끈 10	팔뚝 8	울릴 21		
교	交	校	橋	教	郊	較
	사귈 6	학교 10	다리 16	가르칠 11	들 13	비교할 13
巧	矯	僑	喬	嬌	膠	咬
공교로울 5	바로잡을 17	나그네 14	큰나무 12	아름다울 15	아교 17	새소리 9
嶠	攪	狡	皎	絞	翹	蕎
뾰쪽하게 높을 15	어지러울 23	교활할 10	달빛 11	목맬 12	꼬리긴깃털 18	메밀 18
蛟	轎	餃	驕	鮫	姣	佼
교룡 12	가마 22	경단 15	교만할 22	상어 17	예쁠 9	사귈 8
噭	憍	鄗				
주둥이 16	교만할 15	산이름 17				

구	九	口	求	救	究	久
	아홉 9	입 3	구할 6	구원할 11	궁리할 7	오랠 3
句	舊	具	俱	區	驅	苟
글귀 5	옛 18	갖출 8	함께 10	구역 11	몰 21	진실로 11
拘	狗	丘	懼	龜	構	球
잡을 9	개 9	언덕 5	두려울 22	거북 16	지을 14	공 12
玖	矩	邱	銶	溝	購	鳩
검은돌 8	법 10	언덕 12	끌 15	개천 14	살 17	비둘기 13
軀	枸	仇	勾	咎	嘔	垢
몸 18	호깨나무 9	원수 4	굽을 4	허물 8	노래할 14	때 9
寇	嶇	柩	歐	毆	毬	灸
도둑 11	험할 14	널 9	토할 15	때릴 15	공 11	뜸 7
瞿	絿	臼	舅	衢	謳	逑
볼 18	급박할 13	절구 6	시아비 13	네거리 24	노래할 18	짝 14
鉤	駒	玽	耉	廐	颶	鷗
갈고랑이 13	망아지 15	옥돌 10	늙을 9	마구간 14	구풍 17	갈매기 22
국	國	菊	局	鞠	鞫	麴
	나라 11	국화 14	판 7	기를 17	국문할 18	누룩 19

군	君	郡	軍	群	窘	裙
	임금 7	고을 14	군사 9	무리 13	막힐 12	치마 13
굴	屈	窟	堀	掘		
	굽을 8	굴 13	굴 11	팔 11		
궁	弓	宮	窮	躬	穹	芎
	활 13	집 10	다할 15	몸 10	하늘 8	궁궁이 9
권	券	權	勸	卷	拳	圈
	문서 8	권세 22	권할 20	책 8	주먹 10	짐승우리 11
眷	倦	捲	淃			
돌아볼 11	게으를 10	말 10	물돌아흐를 12			
궐	厥	闕	獗	蕨	蹶	
	그 12	대궐 18	날뛸 15	고사리 16	넘어질 19	
궤	軌	机	櫃	潰	詭	饋
	굴대 9	책상 6	함 18	무너질 16	속일 13	먹일 21
귀	貴	歸	鬼	晷	龜	
	귀할 12	돌아갈 18	귀신 10	그림자 12	거북 16	
규	叫	規	糾	圭	奎	珪
	부르짖을 5	법 11	꼴 8	홀 6	별이름 9	서옥 11

揆	逵	窺	葵	槻	硅	竅
헤아릴 13	큰길 15	엿볼 16	아욱 15	물푸레나무 15	규소 11	구멍 18
赳	閨	邽	嫢	湀	茥	烓
헌걸찰 9	안방 14	보옥 13	가는허리 14	물솟아오를 13	딸기 12	불꽃 13
균	均	菌	畇	鈞	筠	勻
	고를 7	곰팡이 14	따비 9	무거울 12	대나무 13	적을 4
龜	覠					
틀 16	볼 14					
귤	橘					
	귤 16					
극	極	克	劇	剋	隙	戟
	다할 13	이길 7	연극 15	이길 9	틈 18	창 12
棘						
멧대추나무 12						
근	近	勤	根	斤	僅	謹
	가까울 11	부지런할 13	뿌리 10	날 4	겨우 13	삼갈 18
墐	漌	槿	瑾	嫤	筋	劤
묻을 14	맑을 15	무궁화 15	붉은옥 16	고울 14	힘줄 12	강할 6

懃	芹	菫	覲	饉		
은근할 17	미나리 8	제비꽃 12	뵐 18	흉년들 20		
글	契					
	종족이름 9					
금	金	今	禁	錦	禽	琴
	쇠 8	이제 4	금할 13	비단 16	새 13	거문고 13
衾	襟	昑	妗	擒	檎	芩
이불 10	옷깃 19	밝을 8	외숙모 7	사로잡을 16	능금나무 17	풀이름 8
衿						
옷깃 9						
급	及	給	急	級	汲	伋
	미칠 4	줄 12	급할 9	등급 10	물길을 8	속일 6
扱						
미칠 7						
긍	肯	亘	兢	矜		
	즐길 10	뻗칠 6	조심할 14	자랑할 9		
기	己	記	起	其	期	基
	몸 3	기록할 10	일어날 10	그 8	기약할 12	터 11

氣	技	幾	旣	紀	忌	旗
기운 10	재주 8	거의 12	이미 11	벼리 9	거리낄 7	기 14
欺	奇	騎	寄	豈	棄	祈
속일 12	기이할 8	말탈 18	부탁할 11	어찌 10	버릴 12	빌 9
企	畿	飢	器	機	淇	琪
바랄 6	경기 15	주릴 11	그릇 16	베틀 16	물이름 12	옥이름 13
棋	祺	錤	騏	麒	玘	杞
바둑 12	길할 13	호미 16	얼룩말 18	기린 19	노리개 8	구기자 7
埼	崎	琦	綺	錡	箕	岐
낭떠러지 11	산길험할 11	구슬 13	비단 14	밥솥 16	키 14	나뉠 7
汽	沂	圻	耆	璣	磯	譏
물끓는 김 8	물이름 8	언덕 7	늙을 10	구슬 17	자갈 17	나무랄 19
冀	驥	嗜	伎	暣	璂	夔
바랄 16	천리마 27	즐길 13	재주 6	볕기운 14	옥 16	조심할 20
妓	朞	畸	祁	羈	耭	肌
기생 7	돌 12	뙈기밭 13	성할 12	굴레 24	밭갈 18	살 6
饑	稘	榿				
주릴 21	일주년 13	오리나무 14				

긴	緊					
	굳게얽을 14					
길	吉	佶	桔	姞	拮	
	길할 6	바를 8	도라지 10	계집 9	일할 9	
김	金					
	성 8					
끽	喫					
	마실 12					

나	那	奈	柰	娜	拏	儺
	어찌 11	어찌 8	어찌 9	아름다울 10	잡을 9	역귀쫓을 21
懦	拿	挐	喇	挪	梛	糯
나약할 17	붙잡을 10	붙잡을 10	나팔 12	옮길 10	나무이름 11	찰벼 20
낙	諾					
	허락할 16					
난	暖	難	煖			
	따뜻할 13	어려울 19	더울 13			

날	捺	捏				
	누를 11	이길 10				
남	南	男	楠	湳	枏	
	남녘 9	사내 7	들메나무 13	물이름 13	녹나무 8	
납	納	衲				
	들일 10	기울 10				
낭	娘	囊				
	아씨 10	주머니 22				
내	內	乃	奈	耐	柰	
	안 4	이내 2	어찌 8	견딜 9	능금나무 9	
녀	女					
	계집 3					
년	年	撚				
	해 6	비틀 15				
념	念	恬	拈	捻		
	생각할 8	편안할 9	집을 8	꼬을 11		
녕	寧	獰	佞			
	편안할 14	모질 17	아첨할 7			

음						
노	怒	奴	努	弩	瑙	駑
	성낼 9	종 5	힘쓸 7	쇠뇌 8	마노 9	둔할 15
농	農	膿	濃			
	농사 13	고름 17	걸찍할 17			
뇨	尿	鬧	撓			
	오줌 7	시끄러울 15	어지러울 15			
누	耨					
	김맬 16					
눈	嫩					
	어릴 14					
눌	訥					
	말더듬을 11					
뇌	腦	惱				
	머리 13	괴로워할 12				
뉴	紐	鈕	杻	䘢		
	맺을 10	인꼭지 12	감탕나무 8	옷부드러울 10		
능	能					
	능할 12					

니	泥	尼	柅	瀰	膩	馜
	진흙 8	중 5	무성할 9	넘칠 18	기름질 16	진한향기 14

닉	匿	溺				
	숨을 11	빠질 14				

다	多	茶	爹	茤	觰	
	많을 6	차 12	아버지 10	남방오랑캐 12	뿔밑동 16	

단	丹	但	單	短	端	旦
	붉을 4	다만 7	홀로 12	짧을 12	끝 14	아침 5
段	壇	檀	斷	團	緞	鍛
조각 9	제터 16	박달나무 17	끊을 18	둥글 14	신뒤축 15	단련할 17
亶	彖	湍	簞	蛋	袒	鄲
믿을 13	단 9	여울 13	대광주리 18	새알 11	웃통벗을 11	조나라서울 15
担	煓	胆				
떨칠 8	불꽃성할 13	밝을 9				

달	達	撻	澾	獺	疸	
	통달할 17	매질할 20	미끄러울 20	수달 20	황달 10	

담	談	淡	擔	譚	膽	澹
	말씀 15	맑을 12	멜 17	말씀 19	쓸개 19	맑을 13
覃	啖	坍	憺	曇	湛	痰
펼칠 12	먹을 11	무너질 7	편안할 17	흐릴 16	즐길 13	가래 13
聃	蕁	錟	潭	倓	啿	埮
귓바퀴없을 10	지모풀 16	창 16	연못 16	고요할 10	넉넉할 12	평평한땅 11
炎						
아름다울 8						
답	答	畓	踏	沓	遝	
	대답 12	논 9	밟을 15	유창할 8	뒤섞일 17	
당	堂	當	唐	糖	黨	塘
	집 11	마땅 13	당나라 10	엿 16	무리 20	못 13
鐺	撞	幢	戇	棠	螳	
쇠사슬 21	칠 15	기 15	어리석을 28	팥배나무 12	사마귀 17	
대	大	代	待	對	帶	臺
	큰 3	대신 5	기다릴 9	대답할 14	띠 11	집 14
貸	隊	垈	玳	袋	戴	擡
빌릴 12	떼무리 17	집터 8	대모 10	자루 11	일 18	들 18

旲	岱	黛	𣋽			
햇빛 7	대산 8	눈썹먹 17	우거질 18			
댁	宅					
	집 6					
덕	德	悳				
	큰 15	덕 12				
도	刀	到	度	道	島	徒
	칼 2	이를 8	법 9	길 16	섬 10	무리 10
圖	倒	都	桃	挑	跳	逃
그림 14	넘어질 10	도읍 16	복숭아 10	휠 10	뛸 13	도망할 13
渡	陶	途	稻	導	盜	塗
건널 13	질그릇 16	길 14	벼 15	인도할 16	도적 12	진흙 13
堵	棹	濤	燾	禱	鍍	蹈
담 12	노 12	큰물결 18	비출 18	기도할 19	도금할 17	밟을 17
屠	悼	掉	搗	櫂	淘	滔
잡을 12	슬퍼할 12	흔들 12	찧을 13	노 18	일 12	물넘칠 14
睹	萄	覩	賭	韜	禂	稌
볼 14	포도 12	볼 16	걸 16	감출 19	행복 13	찰벼 12

夲	鋾	馟				
나아갈 5	쇳덩이 16	향기로울 16				
독	讀	獨	毒	督	篤	瀆
	읽을 22	홀로 17	독할 8	독촉할 13	도타울 16	도랑 19
牘	犢	禿	纛			
편지 19	송아지 19	대머리 7	둑 25			
돈	豚	敦	墩	惇	暾	燉
	돼지 11	도타울 12	돈대 15	도타울 12	해돋을 16	빛날 16
頓	旽	沌	焞			
조아릴 13	밝을 8	어두울 8	밝을 12			
돌	突	乭				
	우뚝할 9	이름 6				
동	同	洞	童	冬	東	動
	한가지 6	고을 10	아이 12	겨울 5	동녘 8	움직일 11
銅	凍	棟	董	潼	垌	瞳
구리 14	얼 10	들보 12	바를 15	물이름 16	항아리 9	눈동자 17
蝀	憧	疼	胴	桐	朣	曈
무지개 14	그리워할 15	아플 10	큰창자 10	오동나무 10	달뜰 16	동틀 16

彤	烔	橦				
붉을 7	뜨거운모양 10	나무이름 16				
두	斗	豆	頭	杜	枓	兜
	말 4	콩 7	머리 16	막을 7	주두 8	투구 11
痘	竇	荳	讀	逗	阧	
천연두 12	구멍 20	콩 11	구두 22	머무를 14	치솟을 7	
둔	鈍	屯	遁	臀	芚	遯
	둔할 12	진 4	피할 16	볼기 17	채소이름 8	달아날 18
둘	乧					
	이름 5					
득	得					
	얻을 11					
등	等	登	燈	騰	藤	謄
	무리 12	오를 12	등불 16	오를 20	덩굴 21	베낄 17
鄧	嶝	橙				
나라이름 19	고개 15	등나무 12				

라	羅	螺	喇	懶	癩	蘿
	펼칠 20	소라 17	나팔 12	게으를 19	문둥병 21	겨우살이 23
裸	邏	剆	覶	摞	蓏	鑼
벌거숭이 14	돌 26	칠 9	자세할 19	정돈할 14	열매 14	징 27
儸	砢	臝				
간능할 21	돌쌓일 10	벌거벗을 21				
락	落	樂	絡	珞	酪	烙
	떨어질 15	즐길 15	연락할 12	목걸이 11	타락할 13	지질 10
駱	洛					
낙타 16	서울 10					
란	卵	亂	蘭	欄	瀾	瓓
	알 7	어지러울 13	난초 23	난간 21	큰물결 21	옥무늬 22
丹	欒	鸞	爛	鑾		
정성스러울 4	나무이름 23	난새 30	찬란할 21	방울 27		
랄	剌	辣				
	어그러질 9	매울 14				
람	覽	濫	嵐	攬	欖	籃
	볼 21	물넘칠 18	남기 12	잡을 24	감람나무 25	바구니 20

纜	襤	藍	灆	婪	漤	爁
닻줄 27	누더기 20	쪽 20	물맑을 22	탐할 11	과실장아찌 15	불번질 18
랍	拉	臘	蠟			
	꺾을 8	섣달 19	밀 21			
랑	浪	郞	廊	琅	瑯	狼
	물결 11	사내 14	복도 13	옥돌 12	법랑 15	이리 11
朗	烺	蜋	駺	榔		
밝을 11	빛밝을 11	사마귀 13	꼬리흰말 17	나무이름 14		
래	來	崍	萊	徠		
	돌아올 8	산이름 11	쑥 14	위로할 11		
랭	冷					
	찰 7					
략	略	掠				
	간략할 11	노략질할 12				
량	良	兩	量	凉	梁	糧
	어질 7	둘 8	헤아릴 12	서늘할 10	들보 11	양식 18
諒	亮	倆	樑	粱	輛	俍
믿을 15	밝을 9	재주 10	들보 15	기장 13	수레 15	잘할 9

려	旅	麗	慮	勵	呂	侶
	나그네 10	고울 19	생각할 15	권면할 17	성 7	짝 9
閭	黎	儷	廬	戾	櫚	濾
이문 15	검을 15	짝 21	오두막집 19	어그러질 8	모과나무 19	거를 20
礪	藜	蠣	驢	驪	曞	
거친숫돌 20	명아주 19	굴 21	나귀 26	가라말 29	햇살퍼질 19	
력	力	歷	曆	瀝	礫	轢
	힘 2	지낼 16	책력 16	거를 20	조약돌 20	갈 23
靂						
벼락 24						
련	連	練	鍊	憐	聯	戀
	연할 14	익힐 15	단련할 17	불쌍할 16	이을 17	사모할 23
蓮	煉	璉	攣	漣	輦	孌
연꽃 18	쇠불릴 13	호련 16	걸릴 23	물놀이 14	손수레 15	아름다울 22
렬	列	烈	裂	劣	洌	冽
	베풀 6	매울 10	찢을 12	용렬할 6	맑을 10	찰 8
렴	廉	濂	簾	斂	殮	
	청렴할 13	물 17	발 19	거둘 17	염할 17	

렵	獵					
	사냥할 19					
령	令	領	嶺	零	靈	伶
	하여금 5	거느릴 14	고개 17	떨어질 13	신령 24	영리할 7
玲	姈	昤	鈴	齡	怜	囹
옥소리 10	계집영리할 8	날빛영롱할 9	방울 13	나이 20	영리할 9	감옥 8
笭	羚	翎	聆	逞	泠	澪
종다래끼 11	영양 11	깃 11	들을 11	굳셀 14	깨우칠 9	강이름 17
岭	呤					
산이름 8	속삭일 8					
례	例	禮	隷	澧	醴	
	견줄 8	예도 18	붙을 16	물결 17	단술 20	
로	路	露	老	勞	爐	魯
	길 13	이슬 20	늙을 6	수고로울 12	화로 20	나라이름 15
鷺	撈	擄	櫓	潞	瀘	蘆
백로 23	잡을 15	사로잡을 16	방패 19	고을 16	강이름 20	갈대 20
輅	鹵	嚧	虜	璐	櫨	蕗
수레 13	소금 11	웃을 19	포로 13	아름다운옥 16	두공 20	물감나무 18

潦	澇	盧	瓐			
큰비 16	큰물결 15	성 16	푸른옥 20			
록	綠	祿	錄	鹿	彔	碌
	초록빛 14	녹 13	기록할 16	사슴 11	나무깎을 8	돌모양 13
菉	麓					
조개풀 14	산기슭 19					
론	論					
	의논할 15					
롱	弄	瀧	瓏	籠	壟	朧
	희롱할 7	적실 20	옥소리 21	채 22	언덕 19	흐릿할 20
聾						
귀머거리 22						
뢰	雷	賴	瀨	儡	牢	磊
	우레 13	힘입을 16	여울 20	영락할 17	우리 7	돌무더기 15
賂	賚	耒				
뇌물줄 13	줄 15	쟁기 6				
료	料	了	僚	遼	寮	廖
	헤아릴 10	마칠 2	동관 14	멀 20	벼슬아치 15	공허할 14

燎	療	瞭	聊	蓼		
밝을 16	병고칠 17	밝을 17	귀울 11	여뀌풀 15		
룡	龍					
	용 16					
루	屢	樓	累	淚	漏	壘
	여러 14	다락 15	얽힐 11	눈물 12	샐 15	진 18
婁	瘻	縷	蔞	褸	鏤	陋
별이름 11	부스럼 16	실 17	쑥 15	남루할 17	새길 19	좁을 9
慺	嶁	耬	熡			
정성스러울 15	산봉우리 14	밭갈 17	불꽃 15			
류	柳	留	流	類	琉	劉
	버들 9	머무를 10	흐를 11	무리 19	유리 12	성 15
硫	瘤	旒	溜	瀏	謬	
유황 12	혹 15	깃발 13	흐를 14	맑을 19	그릇될 18	
륙	六	陸	戮			
	여섯 6	뭍 16	죽일 15			
륜	倫	輪	侖	崙	綸	淪
	인륜 10	바퀴 15	둥글 8	산이름 11	낚싯줄 14	물놀이 12

錀	圇					
금 16	완전할 11					
률	律	栗	率	慄	嵂	瑮
	법 9	밤 10	헤아릴 11	두려워할 14	가파를 12	옥무늬 15
륭	隆					
	성할 17					
륵	勒	肋				
	굴레 11	갈빗대 8				
름	廩	凜	菻			
	곳집 16	찰 15	쑥 14			
릉	陵	綾	菱	稜	凌	楞
	언덕 16	비단 14	마름 14	모서리 13	능가할 10	모 13
리	里	理	利	梨	李	吏
	마을 7	다스릴 12	이할 7	배 11	오얏 7	아전 6
離	裏	履	俚	莉	璃	俐
떠날 19	속 13	가죽신 15	속될 9	말리꽃 13	유리 16	영리할 9
唎	浬	狸	痢	籬	罹	羸
가는소리 10	해리 11	삵 11	설사 12	울타리 25	근심 16	여윌 19

釐	鯉	涖	犂	摛		
다스릴 18	잉어 18	다다를 11	얼룩소 12	퍼질 14		
린	鄰	潾	璘	麟	吝	燐
	이웃 15	맑을 16	옥무늬 17	기린 23	아낄 7	도깨비불 16
藺	躪	鱗	鏻	獜	橉	粼
골풀 20	짓밟을 27	비늘 23	굳셀 20	튼튼할 15	나무이름 16	물맑을 14
䗲	粦					
반딧불 18	도깨비불 12					
림	林	臨	琳	霖	淋	棽
	수풀 8	임할 17	아름다운옥 13	장마 16	물뿌릴 12	무성할 12
碄						
깊을 13						
립	立	笠	粒	砬		
	설 5	삿갓 11	쌀알 11	돌소리 10		

마	馬	麻	磨	瑪	摩	痲
	말 10	삼 11	갈 16	옥돌 15	갈 15	저릴 13

碼	魔	媽				
마노 15	마귀 21	어미 13				
막	莫	幕	漠	寞	膜	邈
	말 13	장막 14	아득할 15	쓸쓸할 14	막 17	멀 21
만	萬	晩	滿	慢	漫	曼
	일만 15	늦을 11	가득할 15	거만할 15	흩어질 15	길멀 11
蔓	鏋	卍	娩	巒	彎	挽
덩굴 17	금 19	절 6	해산할 10	뫼 22	굽을 22	당길 10
灣	瞞	輓	饅	鰻	蠻	
물굽이 26	속일 16	끌 14	만두 20	뱀장어 22	오랑캐 25	
말	末	茉	抹	沫	襪	靺
	끝 5	말리꽃 11	바를 8	거품 9	버선 21	버선 14
망	亡	忙	忘	望	茫	妄
	망할 3	바쁠 7	잊을 7	바랄 11	망망할 12	허망할 6
罔	網	芒	輞	邙	莽	
없을 9	그물 14	까끄라기 7	바퀴테 15	산이름 10	우거질 11	
매	每	買	賣	妹	梅	埋
	매양 7	살 12	팔 15	누이 8	매화 11	묻을 10

媒	寐	昧	枚	煤	罵	邁
중매 12	잠잘 12	새벽 9	줄기 8	그을음 13	욕할 15	갈 20
魅	苺					
도깨비 15	딸기 9					
맥	麥	脈	貊	陌	驀	
	보리 11	줄기 12	북방종족 13	두렁길 14	말탈 21	
맹	孟	猛	盟	盲	萌	氓
	맏 8	날랠 12	맹세할 13	어둘 8	싹 14	백성 8
멱	冪	覓				
	덮을 16	찾을 11				
면	免	勉	面	眠	綿	冕
	면할 7	힘쓸 9	낯 9	잠잘 10	이어질 14	면류관 11
棉	沔	眄	緬	麪		
솜 12	내이름 8	애꾸눈 9	가는실 15	밀가루 15		
멸	滅	蔑				
	멸할 14	업신여길 15				
명	名	命	明	鳴	銘	冥
	이름 6	목숨 8	밝을 8	울 14	새길 14	어두울 10

溟	暝	椧	皿	瞑	茗	蓂
바다 14	어두울 14	홈통 12	그릇 5	눈감을 15	차싹 12	약초이름 14
螟	酩	慏	洺	眀	䳟	
마디충 16	술취할 13	너그러울 14	강이름 10	밝게볼 9	초명새 19	
메	袂					
	소매 10					
모	母	毛	暮	某	謀	模
	어미 5	터럭 4	저물 15	아무 9	꾀 16	법 15
貌	募	冒	侮	摸	牟	謨
모양 14	모을 13	무릅쓸 9	업신여길 9	본뜰 15	클 6	꾀 18
姆	帽	摹	牡	瑁	眸	耗
여스승 8	모자 12	베낄 17	수컷 7	서옥 13	눈동자 11	줄 10
芼	茅	矛	軞	慔	慕	
풀우거질 8	띠 9	창 5	병거 11	힘쓸 15	사모할 15	
목	木	目	牧	睦	穆	鶩
	나무 4	눈 5	기를 8	화목할 13	화목할 16	집오리 20
沐						
목욕할 8						

몰	沒	歿				
	빠질 8	죽을 8				
몽	夢	蒙	朦			
	꿈 14	어릴 16	흐릴 20			
묘	卯	妙	苗	廟	墓	描
	토끼 5	묘할 7	싹 11	사당 15	무덤 14	그릴 13
錨	畝	昴	渺	猫		
닻 17	밭이랑 10	별자리이름 9	아득할 13	고양이 13		
무	戊	茂	武	務	無	舞
	천간 5	무성할 11	호반 8	힘쓸 11	없을 12	춤출 14
貿	霧	拇	珷	畝	撫	懋
바꿀 12	안개 19	엄지손가락 9	무부 13	밭이랑 10	어루만질 16	힘쓸 17
巫	憮	楙	毋	繆	蕪	誣
무당 7	어루만질 16	무성할 13	말 4	삼열단 17	거칠어질 18	무고할 14
鵡						
앵무새 18						
묵	墨	默				
	먹 15	잠잠할 16				

문	門	問	聞	文	汶	炆
	문 8	물을 11	들을 14	글월 4	물이름 8	연기날 8
們	刎	吻	紊	蚊	雯	抆
들 10	목벨 6	입술 7	어지러울 10	모기 10	구름무늬 12	닦을 7
紋						
무늬 10						
물	勿	物	沕			
	말 4	만물 8	아득할 8			
미	米	未	味	美	尾	迷
	쌀 6	아닐 5	맛 8	아름다울 9	꼬리 7	미혹할 13
微	眉	渼	薇	彌	嵄	媚
작을 13	눈썹 9	물이름 13	고비 19	더할 17	깊은산 12	아첨할 12
嵋	梶	楣	湄	謎	靡	躾
산이름 12	나무끝 11	문미 13	물가 13	수수께끼 17	쓰러질 19	예절가르칠 16
瀰	娓	洣	侎	瑂	冞	
치렁치렁할 18	장황할 10	강이름 10	어루만질 6	옥돌 13	깊이들 11	
민	民	敏	憫	玟	旻	旼
	백성 5	민첩할 11	민망할 16	옥돌 9	가을하늘 8	화할 8

閔	珉	岷	忞	慜	敃	愍
성 12	옥돌 10	산이름 8	강할 8	총명할 15	강할 9	근심할 13
頣	悶	鈱	閩	𥃩	琝	瑉
강할 14	번민할 12	철판 13	종족이름 14	볼 9	옥돌 13	옥돌 14
밀	密	蜜	謐	樒		
	빽빽할 11	꿀 14	고요할 17	침향 15		
박	泊	拍	迫	朴	博	薄
	쉴 9	칠 9	핍박할 12	성 6	넓을 12	엷을 19
珀	撲	璞	鉑	舶	剝	樸
호박 10	부딪칠 16	옥덩어리 17	금박 13	큰배 11	벗길 10	통나무 16
箔	膊	雹	駁			
발 14	포 14	누리 13	얼룩말 14			
반	反	飯	半	般	盤	班
	돌이킬 4	밥 13	절반 5	일반 10	소반 15	나눌 11
返	叛	伴	畔	頒	潘	磐
돌아올 11	배반할 9	짝 7	밭도랑 10	나눌 13	물이름 16	반석 15

攀	斑	槃	磻	絆	蟠	辬
더위잡을 19	얼룩 12	쟁반 14	강이름 17	얽어맬줄 11	서릴 18	얼룩질 17
攽						
나눌 8						
발	發	拔	髮	潑	鉢	渤
	필 12	뺄 9	터럭 15	물뿌릴 16	바리때 13	바다 13
勃	跋	醱	魃			
발끈 9	밟을 12	술괼 19	가물귀신 15			
방	方	房	防	放	訪	芳
	모 4	방 8	막을 12	놓을 8	찾을 11	꽃다울 10
傍	妨	倣	昉	龐	榜	枋
곁 12	해로울 7	본받을 10	밝을 8	클 19	매 14	다목 8
紡	肪	膀	舫	謗	邦	坊
자을 10	기름 10	오줌통 16	배 10	헐뜯을 17	나라 11	막을 7
彷	幫					
방황할 7	도울 17					
배	拜	杯	倍	培	配	排
	절 9	잔 8	갑절 10	북돋을 11	짝 10	물리칠 12

輩	背	陪	裵	湃	俳	胚
무리 15	등 11	모실 16	성 14	물소리 13	광대 10	아이밸 11
賠	蓓	北				
물어줄 15	꽃봉오리 17	달아날 5				
백	白	百	伯	佰	帛	魄
	흰 5	일백 6	맏 7	일백 8	비단 8	넋 15
柏						
잣 9						
번	番	煩	繁	飜	蕃	樊
	차례 12	번거로울 13	성할 17	뒤칠 21	번성할 18	울타리 15
幡	燔	磻				
기 15	구울 16	강이름 17				
벌	伐	罰	閥	筏		
	칠벌 6	벌줄 15	문벌 14	뗏목 12		
범	凡	犯	範	帆	杋	氾
	무릇 3	범할 6	법 15	배돛 6	나무이름 7	넘칠 6
范	梵	泛	汎	釩	渢	
벌풀 11	범어 11	뜰 9	띄울 7	떨칠 11	물소리 12	

법	法	琺				
	법 9	법랑 13				
벽	壁	碧	璧	闢	僻	擘
	벽 16	푸를 14	구슬 18	열벽 21	후미질 15	엄지손가락 17
檗	霹	辟				
황벽나무 17	벼락 21	임금 13				
변	變	辯	辨	邊	卞	弁
	변할 23	말잘할 21	분별할 16	갓 22	성 4	고깔 5
便	釆					
편할 9	분변할 7					
별	別	瞥	鼈	莂		
	다를 7	언뜻볼 17	자라 25	모종낼 11		
병	丙	病	兵	竝	屛	幷
	남녘 5	병들 10	군사 7	아우를 10	병풍 9	아우를 8
倂	甁	輧	炳	柄	昞	秉
나란할 10	병 13	가벼운수레 13	빛날 9	자루 9	빛날 9	잡을 8
餠	騈	鉼	棅			
떡 17	나란히할 18	판금 14	자루 12			

보	保	步	報	普	補	譜
	보전할 9	걸음 7	갚을 12	넓을 12	기울 13	족보 19
寶	堡	甫	輔	菩	潽	洑
보배 20	막을 12	클 7	도울 14	보살 14	내이름 16	보 10
褓	俌	脯				
포대기 15	도울 9	회식할 11				
복	福	伏	服	復	腹	複
	복 14	엎드릴 6	입을 8	거듭 12	배 15	겹옷 15
卜	覆	馥	鍑	僕	匐	宓
점 2	뒤집힐 18	향기 18	가마솥 17	종 14	길 11	성 8
茯	蔔	輹	輻	鰒		
복령 12	무 17	복토 16	바퀴살 16	전복 20		
본	本					
	근본 5					
볼	乶					
	볼기 8					
봉	奉	逢	峯	蜂	封	鳳
	받들 8	만날 14	산봉우리 10	벌 13	봉할 9	새 14

俸	捧	琫	烽	棒	蓬	鋒
녹 10	받들 12	칼장식옥 13	봉화 11	몽둥이 12	쑥 17	칼날 15
熢	縫	漨	芃			
불기운 15	꿰멜 17	답답한모양 17	뜸 9			
부	夫	扶	父	富	部	婦
	지아비 4	도울 8	아비 4	부자 12	나눌 15	며느리 11
否	浮	付	符	附	府	腐
아닐 7	뜰 11	줄 5	병부 11	붙일 13	마을 8	썩을 14
負	副	簿	赴	賦	孚	芙
질 9	버금 11	문서 19	다다를 9	부세 15	믿을 7	연꽃 10
傅	溥	敷	不	俯	剖	咐
스승 12	넓을 14	베풀 15	아닐 4	구부릴 10	쪼갤 10	분부할 8
埠	斧	缶	腑	莩	訃	賻
선창 11	도끼 8	장군 6	장부 14	풀이름 13	부고 9	부의 17
趺	釜	阜	駙	鳧	膚	復
책상다리할 11	가마 10	언덕 8	곁마 15	오리 13	피부 17	다시 12
북	北					
	북녘 5					

분	分	紛	粉	奔	墳	憤
	나눌 4	어지러울 10	가루 10	달아날 8	무덤 15	분할 16
奮	汾	芬	盆	噴	忿	焚
떨칠 16	물이름 8	향기 10	동이 9	뿜을 15	성낼 8	불사를 12
糞	賁	雰				
똥 17	클 12	안개 12				
불	不	佛	拂	彿	弗	
	아닐 4	부처 7	떨칠 9	비슷할 8	말 5	
붕	朋	崩	鵬	棚	硼	繃
	벗 8	산무너질 11	붕새 19	시렁 12	돌이름 13	묶을 17
비	比	非	悲	飛	鼻	備
	견줄 4	아닐 8	슬플 12	날 9	코 14	갖출 12
批	卑	婢	碑	妃	肥	秘
손으로칠 8	낮을 8	여종 11	비석 13	왕비 6	살찔 10	숨길 10
費	枇	琵	扉	譬	丕	匕
허비할 12	비파나무 8	비파 13	문짝 12	비유할 20	클 5	비수 2
榧	匪	毖	痺	脾	臂	蜚
비자나무 14	대상자 10	삼갈 9	암메추라기 13	지라 12	팔 17	바퀴벌레 14

裨	庀	俾	馡	毗		
도울 14	다스릴 5	더할 10	향기로울 17	도울 9		
빈	貧	賓	頻	彬	斌	濱
	가난할 11	손님 14	자주 16	빛날 11	빛날 12	물가 18
嬪	穦	璸	玭	殯	瀕	牝
아내 17	향기 19	구슬이름 19	구슬이름 9	염할 18	물가 20	암컷 6
邠	豳	霦	贇	鑌	馪	
나라이름 11	나라이름 17	옥광채 19	예쁠 19	강철 22	향내날 23	
빙	氷	聘	憑	騁		
	얼음 5	찾아갈 13	의지할 16	달릴 17		

사	四	巳	士	仕	寺	史
	넉 4	뱀 3	선비 3	벼슬 5	절 6	사기 5
使	舍	射	謝	師	死	私
하여금 8	집 8	쏠 10	사례할 17	스승 10	죽을 6	사사 7
絲	思	事	司	詞	蛇	捨
실 12	생각 9	일 8	맡을 5	말씀 12	뱀 11	놓을 12

邪	賜	斜	詐	社	沙	似
간사할 11	줄 15	비낄 11	거짓 12	모일 8	모래 8	같을 7
査	寫	辭	斯	祀	泗	砂
사실할 9	글씨쓸 15	말씀 19	이 12	제사 8	물이름 9	모래 9
糸	紗	娑	徙	奢	嗣	赦
가는실 6	깁 10	춤출 10	옮길 11	사치할 12	이을 13	용서할 11
乍	伺	俟	傞	唆	渣	獅
잠깐 5	엿볼 7	기다릴 9	잘게부술 15	부추길 10	찌끼 13	사자 14
祠	飼	駟	麝	篩		
사당 10	먹일 14	사마 15	사향노루 21	체 16		
삭	削	朔	索	鑠	搠	
	깎을 9	초하루 10	동아줄 10	녹일 23	바를 13	
산	山	産	散	算	珊	傘
	뫼 3	낳을 11	흩어질 12	셈할 14	산호 10	양산 12
疝	蒜	霰	酸	橏	祘	
산증 8	달래 14	싸라기눈 20	초 14	나무이름 15	셀 10	
살	殺	薩	乷	撒	煞	
	죽일 11	보살 20	살 9	뿌릴 15	죽일 13	

삼	三	參	蔘	杉	滲	芟
	석 3	셋 11	인삼 17	삼나무 7	스밀 15	벨 8
森						
나무빽빽할 12						
삽	插	澁	鈒	颯		
	꽂을 13	떫을 16	창 12	바람소리 14		
상	上	尙	常	賞	商	相
	윗 3	오히려 8	항상 11	상줄 15	장사 11	서로 9
霜	想	傷	喪	嘗	裳	詳
서리 17	생각할 13	상할 13	죽을 12	일찍 14	치마 14	자세할 13
祥	象	像	床	桑	狀	償
상서 11	코끼리 12	형상 14	평상 7	뽕나무 10	형상 8	갚을 17
庠	湘	箱	翔	爽	塽	孀
학교 9	물이름 13	상자 15	날개엄숙할 12	상쾌할 11	높고밝은 곳 14	과부 20
峠	廂	橡	觴	樣	牀	
고개 9	행랑 12	상수리나무 16	잔 18	상수리나무 15	평상 8	
새	塞	璽	賽			
	변방 13	도장 19	굿할 17			

색	色	索	嗇	穡	塞	
	빛 6	찾을 10	인색할 13	곡식거둘 18	막을 13	
생	生	牲	甥	省	笙	
	날 5	희생 9	생질 12	덜 9	생황 11	
서	西	序	書	署	敍	徐
	서녘 6	차례 7	글 10	관청 15	차례 11	천천히 10
庶	恕	暑	緖	誓	逝	抒
뭇 11	용서할 10	더울 13	실마리 15	맹세할 14	갈 14	끄집어낼 8
舒	瑞	棲	曙	壻	㥠	婿
펼 12	상서 14	쉴 12	새벽 18	사위 12	지혜 14	사위 12
諝	墅	犀	筮	絮	胥	黍
슬기 16	농막 14	무소뿔 12	점대 13	솜 12	서로 9	기장 12
鼠	揟	悆	遾			
쥐 13	거를 12	느슨해질 11	미칠 17			
석	石	夕	昔	惜	席	析
	돌 5	저녁 3	옛 8	아낄 12	자리 10	나눌 8
釋	碩	奭	汐	淅	晳	祏
풀릴 20	클 14	클 15	썰물 7	쌀일 12	분석할 12	섬 10

鉐	錫	潟	蓆	舃	鼫	褯
놋쇠 13	주석 16	개펄 16	자리 16	신 12	날다람쥐 18	깔개 16
선	先	仙	線	鮮	善	船
	먼저 6	신선 5	실 15	생선 17	착할 12	배 11
選	宣	旋	禪	扇	渲	瑄
가릴 19	베풀 9	돌이킬 11	고요할 17	부채 10	물적실 13	크고둥근옥 14
愃	墡	膳	繕	琁	璿	璇
쾌할 13	백토 15	반찬 18	기울 18	옥돌 12	아름다운옥 19	옥이름 16
羨	嬋	銑	珗	嫙	煽	腺
부러워할 13	고울 15	분쇄 14	옥돌 11	예쁠 14	부칠 14	샘 15
蟬	詵	跣	鐥	亘	譔	洗
매미 18	많을 13	맨발 13	복자 20	펼 6	가르칠 19	깨끗할 10
설	雪	說	設	舌	薛	楔
	눈 11	말씀 14	세울 11	혀 6	다북쑥 19	문설주 13
卨	屑	泄	洩	渫	齧	偰
사람이름 11	가루 10	샐 9	샐 10	칠 13	물 21	맑을 11
섬	纖	暹	蟾	剡	贍	閃
	가늘 23	나아갈 16	두꺼비 19	땅이름 10	넉넉할 20	번쩍일 10

陝						
고을이름 15						
섭	涉	攝	燮	葉	欆	躞
	건널 11	끌어잡을 22	화할 17	땅이름 15	삿자리 21	걸을 24
躡						
밟을 25						
성	姓	性	成	城	誠	盛
	성 8	성품 9	이룰 7	재 10	정성 14	성할 12
省	聖	聲	星	珹	晟	娍
살필 9	성인 13	소리 17	별성 9	옥 12	밝을 11	아름다울 10
醒	宬	腥	筬	猩	惺	晠
술깰 16	서고 10	비릴 9	바디 13	성성이 12	깨달을 13	밝을 11
瑆						
옥빛 14						
세	世	洗	稅	細	勢	歲
	인간 5	씻을 10	부세 12	가늘 11	형세 13	해 13
貰	笹	說	涗	銴	蔧	
세낼 12	조릿대 11	달랠 14	잿물 11	구리녹날 15	풀비 17	

소	小	少	所	消	素	笑
	작을 3	적을 4	바 8	사라질 11	흴 10	웃음 10
召	昭	蘇	騷	燒	訴	掃
부를 5	밝을 9	차조기 22	소동할 20	불사를 16	송사할 12	쓸 12
疎	蔬	沼	炤	紹	邵	韶
소통할 11	나물 18	굽은못 9	밝을 9	이을 11	높을 12	풍류 14
巢	遡	柖	玿	嘯	塑	宵
새집 11	거스를 17	과녁 9	아름다운옥 10	휘파람불 16	토우 13	밤 10
搔	瘙	簫	逍	穌	霄	璅
긁을 13	종기 15	퉁소 18	거닐 14	연유 12	하늘 15	옥돌 15
속	俗	速	續	束	粟	屬
	풍속 9	빠를 14	이을 21	묶을 7	조 12	붙일 21
涑	謖	贖				
헹굴 11	일어날 17	속바칠 22				
손	孫	損	遜	巽	蓀	飧
	손자 10	덜 14	사양할 17	낮을 12	향풀이름 16	저녁밥 12
솔	率	帥	乺	衛		
	거느릴 11	거느릴 9	솔 9	거느릴 17		

송	松	送	頌	訟	誦	宋
	솔 8	보낼 13	칭송할 13	송사할 11	외일 14	송나라 7
淞	悚					
물이름 12	두려워할 11					
쇄	刷	鎖	殺	灑	碎	
	문지를 8	잠글 18	덜 11	뿌릴 23	부술 13	
쇠	衰	釗				
	쇠할 10	힘쓸 10				
수	水	手	受	授	首	守
	물 4	손 4	받을 8	줄 12	머리 9	지킬 6
收	誰	須	雖	愁	樹	壽
거둘 6	누구 15	수염 12	비록 17	근심 13	나무 16	목숨 14
數	修	秀	囚	需	帥	殊
셈 15	닦을 10	빼어날 7	가둘 5	음식 14	장수 9	다를 10
隨	輸	獸	睡	遂	垂	搜
따를 21	실을 16	짐승 19	잠잘 13	인할 16	드리울 8	찾을 13
洙	琇	銖	粹	穗	繡	隋
물가 10	옥돌 12	저울눈 14	순전할 14	벼이삭 17	수놓을 18	나라이름 17

髓	袖	狩	綏	綬	羞	蒐
골수 23	소매 10	사냥 10	편안할 13	인끈 14	바칠 11	모을 16
酬	銹	隧	鬚	賥	豎	睟
갚을 13	녹슬 15	길 21	수염 22	재물 15	더벅머리 15	바로볼 13
宿	睢	峀	嗽			
성수 11	강이름 13	산굴 8	기침할 14			
숙	叔	淑	宿	孰	熟	肅
	아재비 8	맑을 12	잘 11	누구 11	익을 15	엄숙할 13
塾	琡	璹	橚	夙	潚	菽
글방 14	옥이름 13	옥그릇 19	나무줄지어 설 16	일찍 6	빠를 16	콩 14
순	順	純	旬	殉	循	脣
	순할 12	순전할 10	열흘 6	따라죽을 10	돌 12	입술 13
瞬	巡	洵	珣	荀	筍	舜
눈깜짝일 17	순행할 7	믿을 10	옥그릇 11	풀이름 12	죽순 12	순임금 12
淳	焞	諄	錞	醇	徇	恂
순박할 12	밝을 12	가르칠 15	사발종 16	순수할 15	주창할 9	정성 10
栒	楯	橓	蓴	詢	馴	盾
가름대나무 10	난간 13	무궁화나무 16	순채 15	물을 13	길들 13	방패 9

峋						
깊숙할 9						
술	戌	述	術	鉥		
	개 6	지을 12	재주 11	돗바늘 13		
숭	崇	嵩	崧			
	높을 11	높을 13	우뚝솟을 11			
슬	瑟	膝	璱	蝨	琗	[illegible]
	거문고 14	무릎 17	푸른진주 18	이 15	옥무늬모양 12	적청색 21
습	習	拾	濕	襲	褶	
	익힐 11	주을 10	젖을 18	엄습할 22	주름 17	
승	乘	承	勝	昇	僧	丞
	탈 10	이을 8	이길 12	오를 8	중 14	도울 6
陞	繩	蠅	升	塍	脀	
오를 15	줄 19	파리 19	되 4	바디 16	어리석을 12	
시	市	示	是	時	詩	施
	저자 5	보일 5	이 9	때 10	글 13	베풀 9
試	始	矢	侍	視	柴	恃
시험할 13	비로소 8	화살 5	모실 8	볼 12	섶 9	믿을 10

柹	匙	媤	尸	屎	屍	弒
감나무 9	숟가락 11	시집 12	주검 3	똥 9	주검 9	죽일 13
翅	諡	豕	偲	諟	媞	愢
날개 10	시호 16	돼지 7	굳셀 11	이 16	복 12	책선할 13
諰						
두려워할 16						
식	食	式	植	識	息	飾
	밥 9	법 6	심을 12	알 19	쉴 10	꾸밀 14
栻	埴	殖	軾	寔	拭	熄
점판 10	진흙 11	낳을 12	수레나무 13	이 12	닦을 9	꺼질 14
媳	蝕					
며느리 13	좀먹을 15					
신	身	申	神	臣	信	辛
	몸 7	납 5	귀신 10	신하 6	믿을 9	매울 7
新	伸	愼	紳	莘	薪	迅
새 13	펼 7	삼갈 14	큰띠 11	세신 13	땔나무 19	빠를 10
侁	晨	呻	娠	宸	燼	腎
걷는모양 8	새벽 11	끙끙거릴 8	애밸 10	집 10	깜부기불 18	콩팥 12

藎	蜃	辰	訊			
조개풀 18	무명조개 13	지지 7	물을 10			
실	失	室	實	悉		
	잃을 5	집 9	열매 14	알 11		
심	心	甚	深	尋	審	沁
	마음 4	심할 9	깊을 12	찾을 12	살필 15	물적실 8
沈	瀋	芯	諶			
성 8	즙 19	등심초 10	참 16			
십	十	什	拾			
	열 10	열사람 4	열 9			
쌍	雙					
	쌍 18					
씨	氏					
	성 4					

아	兒	我	牙	芽	雅	亞
	아이 8	나 7	어금니 4	싹 10	맑을 12	버금 8

餓	娥	峨	衙	妸	俄	啞
주릴 16	예쁠 10	산이름 10	아문 13	여자의자 8	갑자기 9	벙어리 11
蛾	訝	鴉	鵝	阿	娿	皒
나방 13	맞을 11	갈가마귀 15	거위 18	언덕 13	아리따울 11	흰빛 12
猗	枒					
아름다울 12	굽을 7					
악	惡	岳	樂	嶽	幄	堊
	악할 12	뫼뿌리 8	풍류 15	산마루 17	휘장 12	백토 11
愕	握	鄂	鰐	齷		
놀랄 12	쥘 12	땅이름 12	악어 20	악착할 24		
안	安	案	顔	眼	岸	雁
	편안 8	상고할 10	얼굴 18	눈 11	언덕 8	기러기 12
晏	按	鞍	鮟	姲	矸	
늦을 10	누를 10	안장 15	아귀 17	종용할 9	산돌 8	
알	謁	斡	軋	閼		
	보일 16	관리할 14	삐걱거릴 8	가로막을 16		
암	暗	巖	庵	菴	唵	癌
	어둘 13	바위 23	암자 11	암자 14	머금을 17	암 17

闇	岩					
닫힌문 17	바위 8					
압	壓	押	鴨	狎		
	누를 17	눌러놀 9	집오리 16	익숙할 9		
앙	仰	央	殃	鴦	怏	秧
	우러러볼 6	가운데 5	재앙 9	원앙새 16	원망할 9	모 10
昂						
밝을 8						
애	愛	哀	涯	厓	崖	艾
	사랑 13	슬플 9	물가 12	언덕 8	낭떠러지 11	쑥 8
埃	曖	隘	靄	睚	礙	焥
티끌 10	가릴 17	좁을 18	아지랑이 24	눈초리 13	거리낄 19	빛날 11
唉						
그래 10						
액	厄	額	液	扼	掖	縊
	재앙 4	이마 18	진액 12	누를 7	겨드랑이 11	목맬 16
腋						
겨드랑이 12						

앵	鶯	櫻	罌	鸚		
	꾀꼬리 21	앵두나무 21	양병 20	앵무새 28		
야	也	夜	野	耶	冶	倻
	이끼 3	밤 8	들 11	어조사 9	쇠불릴 7	땅이름 11
惹	椰	若	梛	爺		
이끌 15	야자나무 13	땅이름 11	야자나무 11	아비 13		
약	弱	若	約	藥	躍	葯
	약할 10	같을 11	맺을 9	약 21	뛸 21	구리때잎 15
蒻						
부들 16						
양	羊	洋	養	揚	陽	讓
	양 6	큰바다 10	기를 15	들달릴 13	볕 17	사양할 24
壤	樣	楊	襄	孃	漾	佯
곱다란흙 20	모양 15	버들 13	도울 17	아가씨 20	물결 15	거짓 8
恙	暘	瀁	煬	痒	瘍	釀
근심 10	해돋이 13	내이름 18	쬘 13	앓을 11	종기 14	빚을 24
椋						
푸조나무 12						

어	魚	漁	於	語	御	圄
	고기 11	고기잡을 15	어조사 8	말씀 14	모실 11	감옥 10
禦	齬	䘘				
막을 16	어긋날 22	막을 16				
억	億	憶	抑	檍	臆	
	억 15	생각할 17	누를 8	참죽나무 17	가슴 17	
언	言	焉	諺	彦	偃	堰
	말씀 7	어조사 11	상말 16	선비 9	쓰러질 11	방죽 12
嫣						
상긋웃을 14						
얼	孼	蘖	糵	乻		
	서자 19	그루터기 21	누룩 22	땅이름 9		
엄	嚴	奄	俺	掩	儼	淹
	엄할 20	문득 8	나 10	가릴 12	의젓할 22	담글 12
龑						
고명할 20						
업	業	嶪				
	업 13	산높을 16				

엔	円					
	화폐단위 4					
여	余	餘	如	汝	與	予
	나 7	남을 16	같을 6	너 7	더불 14	줄 4
輿	艅	茹	轝	妤	悆	
수레바탕 17	배이름 13	먹을 12	가마 21	여관 7	잊을 11	
역	亦	易	逆	譯	驛	役
	또 6	바꿀 8	거스릴 13	번역할 20	역마 23	부릴 7
疫	域	晹	繹			
염병 9	지경 11	날흐릴 13	풀어낼 19			
연	然	煙	硏	延	燃	燕
	그럴 12	연기 13	연마할 11	맞을 7	불탈 16	제비 16
沿	鉛	宴	軟	演	緣	衍
따를 9	납 13	잔치 10	부드러울 11	넓을 15	인연 15	넓을 9
淵	姸	娟	涓	沇	筵	瑌
못 12	고울 9	예쁠 10	물방울 11	물이름 8	대자리 13	옥돌 14
娫	嚥	堧	捐	挻	椽	縯
빛날 10	삼킬 19	빈터 12	버릴 10	늘일 10	서까래 13	길 17

鳶	硯	燃	兗	莚	瓀	戭
솔개 14	벼루 12	성씨 15	바를 9	풀이름 13	옥돌 19	사람이름 15
열	熱	悅	閱	說	咽	噎
	더울 15	기쁠 11	읽을 15	기쁠 14	목멜 9	목멜 15
염	炎	染	鹽	琰	艶	厭
	불꽃 8	물들일 11	소금 24	비취옥 18	고울 19	싫을 14
焰	苒	髥				
불꽃 12	풀우거질 11	구렛나루 14				
엽	葉	燁	曄	熀		
	잎 15	빛날 16	빛날 16	불빛이글거릴 14		
영	永	英	迎	榮	泳	詠
	길 5	꽃부리 11	맞을 11	영화 14	헤엄칠 9	읊을 12
營	影	映	渶	煐	瑛	瑩
지을 17	그림자 15	비출 13	물맑을 13	빛날 13	옥광채 14	밝을 15
瀯	盈	楹	鍈	嬰	穎	瓔
물소리 21	찰 9	기둥 13	방울소리 17	어릴 17	이삭 16	옥돌 22
咏	塋	潁	霙	嬴	纓	蠑
읊을 8	무덤 13	강이름 15	진눈깨비 17	찰 17	갓끈 23	영원 20

涅	睈					
가라앉을 10	똑바로볼 12					
예	藝	豫	譽	銳	叡	預
	재주 21	미리 16	명예 21	날카로울 15	밝을 16	미리 13
芮	乂	倪	刈	曳	汭	濊
나라이름 10	어질 2	어린이 10	벨 4	끌 6	물굽이 8	물흐릴 17
裔	詣	蘂	玴	艾	羿	帠
후손 13	이를 13	꽃술 16	옥돌 10	거둘 6	사람이름 9	법 9
오	五	吾	悟	午	誤	烏
	다섯 5	나 7	깨달을 11	낮 4	그르칠 14	까마귀 10
汚	嗚	娛	傲	伍	吳	旿
더러운물괼 7	슬플 13	즐길 10	거만할 13	다섯사람 6	오나라 7	낮밝을 8
珸	晤	奧	俉	塢	墺	寤
옥빛 12	밝을 11	깊을 13	대오 6	둑 13	물가 16	깰 14
惡	梧	敖	熬	蜈	浯	燠
미워할 12	오동나무 11	놀 11	볶을 15	지네 13	강이름 11	입김몰아불 17
옥	玉	屋	獄	沃	鈺	
	구슬 5	집 9	우리 14	기름질 8	보배 13	

온	溫	瑥	媼	穩	瘟	縕
	따뜻할 14	사람이름 15	할미 13	편안할 19	좀아플 15	주홍빛 16
馧	昷	饂				
향기로울 19	어질 10	배부를 19				
올	兀	杌				
	우뚝할 3	위태로울 7				
옹	翁	擁	雍	壅	瓮	甕
	늙은이 10	안을 17	화할 13	막을 16	독 9	독 18
癰	邕	饔				
악창 23	막을 10	아침밥 22				
와	瓦	臥	窪	蛙	蝸	訛
	기와 5	누울 8	웅덩이 14	개구리 12	달팽이 15	그릇될 11
완	完	緩	玩	浣	琓	琬
	완전할 7	더딜 15	구경할 9	옷빨 11	서옥 12	홀 13
垸	莞	婠	婉	宛	梡	翫
바를 10	골 13	몸예쁠 11	예쁠 11	굽을 8	도마 11	가지고놀 15
脘	腕	豌	阮	頑	妧	岏
밥통 13	팔뚝 14	완두콩 15	관문이름 12	완고할 13	좋을 7	가파를 7

왈	曰					
	말할 4					
왕	王	往	旺	汪	枉	
	임금 4	갈 8	왕성할 8	넓을 8	굽을 8	
외	外	畏	嵬	巍	猥	
	바깥 5	두려울 9	높을 13	높을 21	함부로 13	
요	要	腰	搖	遙	謠	夭
	구할 9	허리 15	흔들 14	멀 17	노래 17	일찍죽을 4
堯	饒	曜	耀	瑤	樂	姚
요임금 12	배부를 21	빛날 18	빛날 20	구슬 15	좋아할 15	예쁠 9
僥	凹	妖	嶢	燿	窈	繇
바랄 14	오목할 5	아리따울 7	높을 15	빛날 18	그윽할 10	역사 17
繞	蟯	邀				
두를 18	요충 18	맞을 20				
욕	欲	浴	慾	辱	縟	褥
	하고자할 11	목욕할 11	욕심낼 15	욕될 10	무늬 16	요 15
용	用	勇	容	庸	溶	鎔
	쓸 5	날랠 9	얼굴 10	떳떳할 11	녹을 14	녹을 18

瑢	榕	蓉	涌	埇	踊	鏞
패옥소리 15	용나무 14	연꽃 16	물솟을 11	길돋을 10	뛸 14	쇠북 19
茸	墉	甬	俑	傭	慂	聳
풀날 12	담 14	길 7	허수아비 9	품팔이 13	권할 14	솟을 17
冗						
쓸데없을 5						
우	于	宇	右	牛	友	雨
	어조사 3	집 6	오른쪽 5	소 4	벗 4	비 8
憂	又	尤	遇	羽	郵	愚
근심 15	또 2	더욱 4	만날 16	깃 6	우편 15	어리석을 13
偶	優	佑	祐	禹	瑀	寓
우연 11	넉넉할 17	도울 7	도울 10	우임금 9	옥돌 14	붙일 12
堣	隅	玗	釪	迂	霘	旴
땅이름 12	모퉁이 17	옥돌 8	요령 11	굽을 10	물소리 14	클 7
盂	芋	虞	雩	圩	慪	俁
바리 10	토란 9	헤아릴 13	기우제 11	오목할 6	공경할 15	클 9
邘	盓					
땅이름 10	물소용돌이 11					

욱	旭	昱	煜	郁	頊	彧
	빛날 6	햇빛 9	빛날 13	문채날 13	삼갈 13	문채날 10
勖	栯	稶				
힘쓸 11	산앵두 10	서직무성할 13				
운	云	運	雲	韻	沄	澐
	이를 4	운수 16	구름 12	운 19	끓을 8	큰물결 16
耘	賱	夽	殞	熉	隕	鄆
김맬 10	넉넉할 16	높을 7	죽을 14	노란모양 14	떨어질 18	나라이름 17
篔	䫞					
왕대 16	얼굴빛다급할 19					
울	蔚	鬱	菀			
	고을이름 17	막힐 29	무성할 14			
웅	雄	熊				
	수컷 12	곰 14				
원	元	原	願	遠	園	怨
	으뜸 4	근본 10	원할 19	멀 17	동산 13	원망할 9
圓	員	源	援	院	袁	垣
둥글 13	관원 10	근원 14	도울 13	집 15	성 10	낮은담 9

洹	沅	瑗	媛	嫄	愿	苑
물이름 10	물이름 8	구슬 14	예쁜여자 12	여자이름 13	삼갈 14	나라동산 11
轅	婉	湲	爰	猿	阮	朊
진문 17	예쁠 11	물흐를 13	이에 9	원숭이 14	관이름 12	달빛희미할 8
鋺	寃	笎	倇			
저울바탕 16	원통할 10	팥꽃나무 10	즐거워할 10			
월	月	越	鉞			
	달 4	넘을 12	큰도끼 13			
위	位	危	爲	偉	胃	謂
	자리 7	위태할 6	하 12	거룩할 11	밥통 11	이를 16
圍	衛	違	委	慰	僞	緯
둘릴 12	모실 16	어길 16	맡을 8	위로할 15	거짓 14	씨줄 15
尉	韋	瑋	暐	渭	魏	萎
벼슬이름 11	다룬가죽 9	구슬 14	빛날 13	물이름 13	나라이름 18	마를 14
葦	蔿	褘	韡	威		
짤 15	애기풀 18	향낭 15	꽃활짝필 21	위엄 9		
유	由	油	酉	有	猶	唯
	말미암을 5	기름 9	닭 7	있을 6	오히려 13	오직 11

遊	柔	遺	幼	幽	惟	維
놀 16	부드러울 9	끼칠 19	어릴 5	깊을 9	생각할 12	벼리 14
乳	儒	裕	誘	愈	悠	兪
젖 8	선비 16	넉넉할 13	꾀일 14	나을 13	멀 11	대답할 9
侑	洧	宥	庾	喩	楡	瑜
짝 8	물이름 10	죄사할 9	창고 12	비유할 12	느릅나무 13	아름다운옥 14
猷	濡	愉	秞	攸	柚	孺
꾀 13	젖을 18	기쁠 13	무성할 10	바 7	유자 9	젖먹이 17
游	癒	蹂	囿	揉	帷	
놀 12	병나을 18	죽일 16	동산 9	휠 12	휘장 11	
육	肉	育	堉	毓		
	고기 6	기를 10	기름진땅 11	기를 14		
윤	閏	潤	尹	允	玧	鈗
	윤달 12	부를 16	믿을 4	진실로 4	옥빛 9	병기 12
胤	阭	奫	贇	昀	鋆	橍
맏아들 11	높을 12	물깊고넓을 15	예쁠 19	햇빛 8	금 15	나무이름 16
율	聿	燏	汩	建	鴥	矞
	붓 6	빛날 15	흐를 7	분포할 13	빨리날 16	송곳질할 12

颶						
큰바람 13						
융	融	戎	瀜	絨		
	화할 16	되 6	물깊고넓을 20	융 12		
은	恩	銀	隱	垠	殷	誾
	은혜 10	은 14	숨을 22	언덕 9	나라이름 10	화평할 15
溵	珢	慇	听	圻	檼	訢
물소리 14	옥돌 10	괴로워할 14	웃을 7	끝 7	대마루 18	공손할 11
圁						
물이름 10						
을	乙	圪	鳦			
	새 1	흙더미우뚝할 6	제비 12			
음	音	吟	飮	陰	淫	蔭
	소리 9	읊을 7	마실 13	그늘 16	음탕할 12	풀그늘 17
愔	韾					
화평할 13	소리화할 20					
읍	邑	泣	揖			
	고을 7	울 9	읍 12			

응	應	凝	膺	鷹		
	응할 17	엉킬 16	가슴 19	매 24		
의	衣	依	義	議	矣	醫
	옷 6	의지할 8	옳을 13	의논할 20	어조사 7	의원 18
意	宜	儀	疑	倚	誼	毅
뜻 13	마땅 8	거동 15	의심할 14	의지할 10	옳을 15	굳셀 15
擬	懿	椅	艤	蟻	猗	
비길 18	클 20	의나무 12	배댈 19	개미 19	아름다울 12	
이	二	以	已	耳	而	異
	두 2	써 5	이미 3	귀 6	말이을 6	다를 12
移	夷	珥	伊	易	弛	怡
옮길 11	오랑캐 6	귀고리 11	저 6	쉬울 8	놓을 6	화할 9
爾	彝	頤	姨	痍	肄	苡
너 14	떳떳할 18	턱 15	이모 9	상처 11	익힐 13	질경이 11
貳	鴯	羨	㚷	佴	彝	
두 12	제비 17	현이름 12	여자이름 9	버금 8	떳떳할 18	
익	益	翼	翊	瀷	謚	翌
	더할 10	날개 18	도울 11	스며들 21	빙그레웃을 17	내일 11

熤						
사람이름 15						
인	人	引	仁	因	忍	認
	사람 2	끌 4	어질 4	인할 6	참을 7	알 14
寅	印	姻	咽	刃	湮	絪
동방 11	인장 6	혼인할 9	목구멍 9	칼날 3	잠길 13	기운 12
蚓	璌	靭	朄	儿	秵	戭
지렁이 10	사람이름 16	질길 12	작은북 14	사람 2	벼꽃 11	창 15
일	一	日	逸	壹	溢	鎰
	한 1	날 4	편안할 15	한 12	넘칠 14	스물넉냥중 18
馹	佾	佚	劮			
역마 14	춤출 8	편안할 7	기쁠 7			
임	壬	任	賃	姙	稔	恁
	북방 4	맡길 6	품팔이 13	아이밸 7	곡식익을 13	생각할 10
荏	訲	誑				
들깨 12	생각할 11	믿을 13				
입	入	廿				
	들 2	스물 4				

잉	剩	仍	孕	芿		
	남을 12	인할 4	아이밸 5	새풀싹 10		
자	子	字	自	者	姉	慈
	아들 3	글자 6	스스로 6	놈 9	맏누이 8	사랑할 14
茲	紫	資	姿	恣	刺	仔
이 10	붉을 11	재물 13	맵시 9	방자할 10	찌를 8	자세할 5
滋	磁	藉	瓷	咨	炙	疵
부를 14	자석 15	깔 20	오지그릇 11	물을 9	고기구울 8	흠 10
諮	雌	秄	褯			
물을 16	암컷 13	북돋을 8	애기옷 16			
작	作	昨	酌	爵	灼	芍
	지을 7	어제 9	술 10	벼슬 18	불사를 7	작약 9
雀	鵲	勺	斫	炸	綽	舃
참새 11	까치 19	구기 3	벨 9	터질 9	너그러울 14	까치 12
잔	殘	孱	棧	潺	盞	
	쇠잔할 12	잔약할 12	잔도 12	물흐를 15	잔 13	

잠	潛	暫	箴	岑	簪	蠶
	잠길 16	잠깐 15	바늘 15	봉우리 7	비녀 18	누에 24
잡	雜					
	섞일 18					
장	長	章	場	將	壯	丈
	어른 8	글 11	마당 12	장수 11	장할 7	어른 3
張	帳	莊	裝	奬	墻	葬
베풀 11	치부책 11	씩씩할 13	꾸밀 13	권면할 14	담 16	장사지낼 15
粧	掌	藏	臟	障	腸	匠
단장할 12	손바닥 12	감출 20	오장 24	막힐 19	창자 15	장인 6
杖	奘	漳	樟	璋	暲	薔
지팡이 7	클장 10	물이름 15	예장나무 15	구슬 16	밝을 15	장미 19
蔣	仗	檣	漿	狀	獐	臧
과장풀 17	무기 5	돛대 17	미음 15	형상 8	노루 15	착할 14
醬						
젓갈 18						
재	才	材	財	在	栽	再
	재주 3	재목 7	재물 10	있을 6	심을 10	두 번 6

哉	災	裁	載	宰	梓	縡
비로소 9	재앙 7	판결할 12	실을 13	재상 10	가래나무 11	일 16
齋	渽	滓	齎			
재계할 17	맑을 13	찌끼 14	가져올 21			
쟁	爭	錚	箏	諍		
	다툴 8	징 16	쟁 14	간할 15		
저	著	貯	低	底	抵	苧
	지을 15	쌓을 12	굽힐 7	밑 8	밀 9	모시 11
邸	楮	沮	佇	咀	渚	狙
집 12	닥나무 13	막을 8	우두커니 7	씹을 8	물가 13	원숭이 9
猪	箸	紵	詛	這	齟	
돼지 13	젓가락 15	모시 11	저주할 12	이 14	어긋날 20	
적	的	赤	適	敵	滴	摘
	밝을 8	붉을 7	마침 18	대적할 15	물방울 15	들추어낼 15
寂	籍	賊	跡	積	績	迪
고요할 11	호적 20	도둑 13	발자취 13	쌓을 16	길쌈 17	나아갈 12
勣	吊	嫡	狄	炙	翟	謫
공 13	이를 6	정실 14	오랑캐 8	고기구울 8	꿩 14	귀양갈 18

迹	鏑	笛	蹟			
자취 13	살촉 19	피리 11	사적 18			
전	田	全	典	前	展	戰
	밭 5	온전 6	법 8	앞 9	펼 10	싸움할 16
電	錢	傳	專	轉	殿	佺
번개 13	돈 16	전할 13	오로지 11	구를 18	대궐 13	신선이름 8
栓	詮	銓	琠	甸	塡	奠
나무못 10	갖출 13	저울질할 14	구슬 13	경기 7	막힐 13	전드릴 12
荃	雋	顚	剪	佃	氈	畑
향풀 12	새살찔 13	꼭대기 19	자를 11	밭갈 7	모전 17	화전 9
篆	鈿	餞				
전자 15	비녀 13	전별할 17				
절	節	絶	切	折	竊	晢
	마디 15	끊을 12	끊을 4	꺾을 8	훔칠 22	밝을 11
截	浙	癤				
끊을 14	강이름 10	부스럼 20				
점	店	占	點	漸	岾	粘
	가게 8	점칠 5	점 17	점점 15	절 8	끈끈할 11

霑	鮎					
젖을 16	메기 16					
접	接	蝶	摺			
	접할 12	들나비 15	접을 14			
정	丁	頂	停	井	正	政
	고무래 2	이마 11	머무를 11	우물 4	바를 5	정사 8
定	貞	精	情	靜	淨	庭
정할 8	곧을 9	가릴 14	뜻 12	고요할 16	맑을 12	뜰 10
亭	訂	廷	程	征	整	汀
정자 9	의논할 9	조정 7	법 12	칠 8	정제할 16	물가 6
玎	町	呈	桯	珵	姃	偵
옥소리 7	밭지경 7	보일 7	탁자 11	패옥 12	단정할 8	엿볼 11
湞	幀	楨	禎	珽	挺	晸
물이름 13	그림족자 12	쥐똥나무 13	상서 14	큰서옥 12	곧을 11	날돋을 12
綎	鼎	晶	柾	鉦	淀	錠
인끈 13	솥 13	맑을 12	나무바를 9	징 13	얕은물 12	신선로 16
鋌	鄭	靖	靚	鋥	炡	渟
쇳덩이 15	나라이름 19	편안할 13	단장할 15	칼날세울 15	빛날 9	물괼 13

釘	涏	婷	旌	碇	穽	艇
못 10	곧을 11	예쁠 12	기 11	닻 13	허방다리 9	거룻배 13
諪	霆	征	姘	梃	灯	靘
조정할 16	천둥소리 15	황급할 7	엄전할 7	몽둥이 11	열화 6	검푸른빛 14
朾	頲					
도리깨 6	머리아름다울 17					
제	弟	第	祭	帝	題	除
	아우 7	차례 11	제사 11	임금 9	제목 18	제할 15
諸	製	提	堤	制	際	齊
모두 16	지을 14	들 12	막을 12	법 8	모을 19	모두 14
濟	悌	梯	瑅	劑	啼	臍
건널 18	공경할 11	사다리 11	옥이름 14	약지을 16	울 12	배꼽 18
蹄	媞	姼				
굽 16	아름다울 12	예쁠 9				
조	兆	早	造	鳥	調	朝
	억조 6	이를 6	지을 14	새 11	고루 15	아침 12
助	弔	燥	操	照	條	潮
도울 7	조상할 4	불에말릴 17	잡을 17	비칠 13	곁가지 11	조수 16

租	組	祖	彫	措	晁	窕
부세 10	짤 11	할아버지 10	새길 11	둘 12	아침 10	요조할 11
祚	趙	肇	詔	釣	曹	遭
복조 10	조나라 14	비로소 14	조서 12	낚시 11	무리 11	만날 18
朓	凋	嘲	棗	漕	爪	璪
그믐달 12	시들 10	비웃을 15	대추나무 12	배로실어나를 14	손톱 4	면류관드림옥 18
稠	粗	糟	繰	蚤	躁	阻
빽빽할 13	거칠 11	지게미 17	야청통견 19	벼룩 10	성급할 20	험할 13
昭						
밝을 9						
족	足	族	簇	鏃		
	발 7	겨레 11	조릿대 17	살촉 19		
존	存	尊				
	있을 6	높을 12				
졸	卒	拙	猝			
	군사 8	졸할 9	갑자기 12			
종	宗	種	鐘	終	從	縱
	마루 8	심을 14	쇠북 20	마침 11	쫓을 11	세로 17

倧	琮	淙	悰	綜	瑽	鍾
신인 10	옥홀 13	물소리 12	즐거울 12	모을 14	패옥소리 16	쇠북 17
慫	腫	踵	椶	柊	蹤	
권할 15	부스럼 15	발꿈치 16	종려나무 13	나무이름 9	자취 18	
좌	左	坐	佐	座	挫	
	왼 5	앉을 7	도울 7	자리 10	꺾을 10	
죄	罪					
	허물 14					
주	主	注	住	朱	宙	走
	임금 5	물댈 9	머무를 7	붉을 6	집 8	달아날 7
酒	晝	舟	周	株	州	洲
술 10	낮 11	배 6	두루 8	그루 10	고을 6	물가 10
柱	奏	珠	鑄	胄	湊	炷
기둥 9	아뢸 9	구슬 11	부을 22	투구 11	물이름 13	심지 9
註	疇	週	遒	駐	妵	澍
주낼 12	밭이랑 19	주일 15	굳셀 16	머무를 15	예쁠 8	물쏟을 16
姝	侏	做	呪	廚	籌	紬
예쁠 9	난쟁이 8	지을 11	빌 8	부엌 15	투호살 20	명주 11

蛛	誅	躊	酎	燽	鉒	邾
거미 12	벨 13	머뭇거릴 21	진한술 10	밝을 18	쇳돌 13	나라이름 13
紸	晭	䎻				
댈 11	햇빛 12	귀 14				
죽	竹	粥				
	대 6	죽 12				
준	準	俊	遵	峻	浚	晙
	법 14	준걸 9	쫓을 16	산높고험할 10	깊을 11	밝을 11
焌	竣	畯	駿	准	濬	雋
불당길 11	마칠 12	농부 12	준마 17	법 10	깊을 18	우수할 13
儁	埈	隼	寯	樽	蠢	逡
준걸 15	과녁 11	새매 10	모을 16	술통 16	꿈틀거릴 21	빠를 14
純	陖	睃	惷	鐏	儁	
가선 10	가파를 15	볼 14	어수선할 13	창고달 20	뛰어날 18	
줄	茁					
	풀싹 11					
중	中	重	衆	仲		
	가운데 4	무거울 9	무리 12	버금 6		

즉	卽					
	곧 9					
즐	櫛					
	빗 19					
즙	汁	楫	葺			
	진액 6	노 13	기울 15			
증	曾	增	證	憎	贈	症
	일찍 12	더할 15	증거 19	미워할 16	줄 19	병세 10
蒸	烝	甑	拯	繒		
찔 16	찔 10	시루 17	건질 9	비단 18		
지	只	支	枝	止	之	知
	다만 5	지탱할 4	가지 8	그칠 4	갈 4	알 8
地	指	志	至	紙	持	池
땅 6	손가락 10	뜻 7	이를 6	종이 10	가질 10	못 7
誌	智	遲	旨	沚	址	祉
기록할 14	지혜 12	더딜 19	뜻 6	물가 8	터 7	복 9
趾	祗	芝	摯	鋕	脂	咫
발꿈치 11	공경 9	지초 10	잡을 15	새길 15	기름 12	길이 9

枳	肢	芷	識	洔	馶	搘
탱자나무 9	사지 9	구리때 10	적을 19	섬 10	굳셀 14	버틸 13
禔	觗					
복 14	칠 12					
직	直	職	織	稙	稷	
	곧을 8	벼슬 18	짤 18	일찍심은벼 13	피 15	
진	辰	眞	進	盡	振	鎭
	별 7	참 10	나아갈 15	다할 14	떨칠 11	진정할 18
陣	陳	珍	震	晉	瑨	瑱
진칠 14	베풀 16	보배 10	진동할 15	나라 10	옥돌 15	귀거리 15
津	璡	秦	軫	塵	禛	診
나루 10	옥돌 17	나라이름 10	수레뒤턱 나무 12	띠끌 14	복받을 15	볼 12
縝	塡	賑	溱	抮	唇	嗔
맺을 16	누를 13	넉넉할 14	맑을 14	되돌릴 8	놀랄 10	성낼 13
疹	瞋	蔯	跈	槇	眹	䟴
홍역 10	부릅뜰 15	더위지기 17	밟을 11	뿌리모일 14	눈동자 11	바를 13
질	質	秩	疾	姪	瓆	侄
	바탕 15	차례 10	병 10	조카 9	이름 20	어리석을 8

叱	嫉	帙	桎	膣	蛭	跌
꾸짖을 5	시기할 13	책갑 8	차꼬 10	새살돋을 17	거머리 12	넘어질 12
迭						
갈마들 12						
짐	斟	朕				
	술따를 13	나 12				
집	集	執	什	潗	輯	楫
	모을 12	잡을 11	물건 4	샘날 16	모을 16	돛대 13
鏶	緝					
쇳조각 20	낳을 15					
징	徵	懲	澄			
	부를 15	징계할 19	맑을 17			

차	且	次	此	借	差	車
	또 5	버금 6	이 6	빌릴 10	어긋날 10	성 7
叉	瑳	侘	嗟	箚	茶	蹉
깍지낄 3	옥빛깨끗할 15	실의할 8	탄식할 13	차자 14	차 12	넘어질 17

遮	硨	奲	姹	鹺		
막을 18	조개이름 12	관대할 24	소녀 9	소금 21		
착	着	錯	捉	搾	窄	鑿
	입을 12	섞일 16	잡을 10	짤 13	좁을 10	뚫을 28
齪						
악착할 22						
찬	贊	讚	撰	纂	澯	粲
	찬성할 19	도울 26	갖출 16	모을 20	맑을 17	선명할 13
燦	璨	瓚	纘	鑽	竄	餐
빛날 17	옥광채 18	옥그릇 24	이을 25	뚫을 27	숨을 18	먹을 16
饌	儹	篡	欑			
반찬 21	모을 21	빼앗을 16	모일 23			
찰	察	札	刹	擦	紮	
	살필 14	패 5	절 8	비빌 17	감을 11	
참	參	慘	慙	僭	塹	懺
	참여할 11	슬플 15	부끄러울 15	참람할 14	구덩이 14	뉘우칠 20
斬	站	讖				
벨 11	우두커니 설 10	참서 24				

창	昌	唱	窓	倉	創	蒼
	창성 8	노래부를 11	창 11	창고 10	비로소 12	푸를 16
暢	菖	昶	彰	敞	廠	倡
화창할 14	창포 14	밝을 9	나타날 14	넓을 12	헛간 15	광대 10
娼	愴	槍	漲	猖	艙	滄
몸파는여자 11	슬퍼할 14	창 14	불을 15	미쳐날뛸 12	선창 16	서늘할 15
淌						
큰물결 12						
채	菜	採	彩	債	采	埰
	나물 14	캘 12	채색 11	빚 13	취할 8	나라에서준땅 11
寀	蔡	綵	寨	砦	釵	琗
동관 11	법 17	채색비단 14	울짱 14	울타리 10	비녀 11	옥빛 13
棌	婇					
참나무 12	여자이름 11					
책	責	冊	策	柵		
	꾸짖을 11	책 5	꾀 12	울짱 9		
처	妻	處	凄	悽		
	아내 8	곳 11	슬플 12	슬퍼할 12		

척	尺	斥	拓	戚	陟	倜
	자 4	물리칠 5	열 9	겨레 11	올릴 15	대범할 10
刺	剔	脊	蹠	隻	摭	慼
찌를 8	바를 10	등성마루 10	밟을 18	새한마리 10	주을 14	근심할 15
천	天	千	川	泉	淺	賤
	하늘 4	일천 3	내 3	샘 9	물얕을 12	천할 15
踐	遷	薦	仟	阡	喘	擅
밟을 15	옮길 19	천거할 19	천사람 5	밭두둑길 11	헐떡거릴 12	멋대로 16
玔	穿	舛	釧	韆		
옥고리 8	뚫을 9	어그러질 6	팔찌 11	그네 24		
철	鐵	哲	徹	澈	撤	轍
	쇠 21	밝을 10	관철할 15	물맑을 16	거둘 16	바퀴자국 19
綴	凸	輟	悊			
맺을 14	볼록할 5	그칠 15	공경할 11			
첨	尖	添	僉	瞻	沾	簽
	뾰쪽할 6	더할 12	다 13	우러러볼 18	더할 8	농 19
籤	詹	諂	甜			
제비 23	이를 13	아첨할 15	달 11			

첩	妾	帖	捷	堞	牒	疊
	첩 8	문서 8	이길 12	성가퀴 12	글씨판 13	겹쳐질 22
諜	貼	輒				
염탐할 16	붙을 12	문득 14				
청	青	清	晴	請	廳	聽
	푸를 8	맑을 12	갤 12	청할 15	관청 25	들을 22
菁	鯖					
꽃성한모양 14	청어 19					
체	體	替	遞	滯	逮	締
	몸 23	대신할 12	갈마들일 17	막힐 15	미칠 15	맺을 15
諦	切	剃	涕	諟	棣	
살필 16	모두 4	머리깎을 9	눈물 11	자세히할 16	산앵두나무 12	
초	初	草	招	肖	超	抄
	처음 7	풀 12	부를 9	같을 9	뛰어넘을 12	베낄 8
礎	秒	樵	焦	蕉	楚	剿
주춧돌 18	시간단위 9	땔나무 16	델 12	파초 18	나라이름 13	죽일 13
哨	憔	梢	炒	硝	貂	酢
망볼 10	수척할 16	나무끝 11	볶을 8	초석 12	담비 12	초 12

俏						
닮을 9						
촉	促	燭	觸	囑	矗	蜀
	재촉할 9	촛불 17	받을 20	부탁할 24	우거질 24	나라이름 13
촌	寸	村	忖			
	마디 3	마을 7	헤아릴 7			
총	銃	總	聰	寵	叢	悤
	총 14	거느릴 17	귀밝을 17	사랑할 19	떨기 18	바쁠 11
摠	冢					
모두 14	무덤 10					
촬	撮					
	취할 15					
최	最	催	崔			
	가장 12	재촉할 13	성 11			
추	錘	秋	追	推	抽	醜
	저울눈 16	가을 9	쫓을 13	가릴 12	뺄 9	더러울 17
楸	樞	鄒	錐	墜	椎	湫
노나무 13	지도리 15	나라이름 13	송곳 16	떨어질 15	몽치 12	다할 13

皺	芻	趨	鎚	雛	鰌	
땅이름 17	꼴 10	달릴 17	쇠망치 18	병아리 18	미꾸라지 20	
축	丑	祝	蓄	畜	築	逐
	소 4	축원할 10	쌓을 16	기를 10	쌓을 16	쫓을 14
縮	軸	竺	筑	蹙	蹴	
쭈구러질 17	굴대 12	대나무 8	악기이름 12	대지를 18	찰 19	
춘	春	椿	瑃	賰		
	봄 9	대춘나무 13	옥이름 14	넉넉할 16		
출	出	朮	黜			
	날 5	차조 5	물리칠 17			
충	充	忠	蟲	衝	珫	沖
	채울 5	충성 8	벌레 18	충돌할 15	귀엣고리 11	화할 8
衷						
가운데속 10						
췌	萃	悴	膵	贅		
	모을 14	파리할 12	췌장 18	혹 18		
취	取	吹	就	臭	醉	趣
	취할 8	불 7	나아갈 12	냄새 10	취할 15	뜻 15

翠	聚	嘴	娶	炊	脆	驟
비취 14	모을 14	부리 15	장가들 11	불땔 8	무를 12	달릴 24
鷲						
수리 23						
측	側	測	仄	惻	廁	
	곁 11	헤아릴 13	기울 4	슬퍼할 13	뒷간 12	
층	層					
	층층대 15					
치	治	致	齒	値	置	耻
	다스릴 9	이를 9	이 15	만날 10	둘 14	부끄러울 10
熾	峙	雉	馳	侈	嗤	梔
불땔 16	고개 9	꿩 13	달릴 13	사치할 8	웃을 13	치자나무 11
淄	痔	癡	緇	緻	蚩	輜
검은빛 12	치질 11	어리석을 19	검은비단 14	밸 15	어리석을 10	짐수레 15
稚						
어릴 13						
칙	則	勅	飭			
	법 9	칙서 9	신칙할 13			

음						
친	親					
	친할 16					
칠	七	漆	柒			
	일곱 7	옻 15	옻 9			
침	針	侵	浸	寢	沈	枕
	바늘 10	침노할 9	젖을 11	잠잘 14	잠길 8	베개 8
	琛	砧	鍼	棽		
	보배 13	다듬잇돌 10	침 17	뒤덮일 12		
칩	蟄					
	벌레움추릴 17					
칭	稱	秤				
	일컬을 14	저울 10				
쾌	快	夬				
	쾌할 8	괘이름 4				

타	他	打	妥	墮	咤	唾
	다를 5	칠 6	편안할 7	떨어질 15	꾸짖을 9	침 11
惰	朶	陀	馱	駝	橢	
게으를 13	늘어질 6	비탈질 13	짐실을 13	낙타 15	길쭉할 16	
탁	濁	托	濯	卓	倬	度
	물흐릴 17	밀 7	씻을 18	높을 8	클 10	헤아릴 9
琸	晫	託	擢	鐸	拓	啄
사람이름 13	환할 12	부탁할 10	높을 18	목탁 21	박을 8	쪼을 12
踔	橐	坼	柝	琢		
멀 15	전대 16	터질 8	열 9	옥다듬을 13		
탄	炭	歎	彈	誕	呑	坦
	숯 9	탄식할 15	탄환 15	태어날 14	삼킬 7	넓을 8
灘	嘆	憚	綻	暺		
여울 23	탄식할 14	꺼릴 15	옷터질 14	헐떡일 15		
탈	脫	奪				
	벗을 13	빼앗을 14				
탐	探	貪	耽	眈		
	찾을 12	탐낼 11	즐길 10	노려볼 9		

탑	塔	榻				
	탑 13	걸상 14				
탕	湯	宕	帑	蕩		
	물끓을 13	방탕할 8	금고 8	쓸어버릴 16		
태	太	泰	怠	殆	態	汰
	클 4	클 9	게으를 9	위태할 9	태도 14	씻을 8
兌	胎	邰	笞	苔	跆	颱
기쁠 7	태 11	나라이름 12	볼기칠 11	이끼 11	밟을 12	태풍 14
鈦	珆	鮐	脫	迨	台	
티타늄 12	용무늬옥 10	복 16	느릿느릿할 13	미칠 12	삼태성 5	
택	宅	澤	擇	垞		
	집 6	못 17	택할 17	언덕 9		
탱	撐					
	버팀 15					
터	攄					
	펼 18					
토	土	吐	討	兎		
	흙 3	토할 6	칠 10	토끼 8		

통	通	統	痛	桶	慟	洞
	통할 14	거느릴 12	아플 12	통 11	서럽게울 15	통할 10
筒						
대 12						
퇴	退	堆	槌	腿	褪	頹
	물러갈 13	흙무더기 11	던질 13	넓적다리 16	바랠 16	무너질 16
투	投	透	鬪	偸	套	妬
	던질 8	통할 17	싸움 20	훔칠 11	덮개 10	강샘할 8
특	特	慝				
	특별할 10	간사할 15				
틈	闖					
	말이문나오는모양 18					

파	破	波	派	播	罷	頗
	깨질 10	물결 9	나눠나갈 10	심을 16	마칠 16	자못 14
把	巴	芭	琶	坡	杷	婆
잡을 9	땅이름 4	파초 10	비파 13	언덕 8	비파나무 8	할미 11

擺	爬	跛				
열릴 18	긁을 8	절룩발이 12				
판	判	板	販	版	阪	坂
	쪼갤 7	널 8	팔 11	조각 8	언덕 12	언덕 7
瓣	辦	鈑				
외씨 19	힘쓸 16	금박 12				
팔	八	叭	捌			
	여덟 8	입벌릴 5	깨뜨릴 10			
패	貝	敗	浿	佩	牌	唄
	조개 7	패할 11	물가 11	찰 8	방붙일 12	찬불 10
悖	沛	狽	稗	覇		
어그러질 11	늪 8	이리 11	피 13	으뜸 19		
팽	彭	澎	烹	膨		
	성 12	물소리 16	삶을 11	부풀 18		
퍅	愎					
	괴팍할 12					
편	片	便	篇	編	遍	偏
	조각 4	편안할 9	책 15	엮을 15	두루 16	치우칠 11

扁	翩	鞭	騙			
작을 9	빨리날 15	채찍 18	속일 19			
폄	貶					
	떨어뜨릴 12					
평	平	評	坪	枰	泙	萍
	평평할 5	평론할 12	땅평평할 8	바둑판 9	물소리 9	부평초 14
폐	閉	肺	廢	弊	蔽	幣
	닫을 11	허파 10	폐할 15	해질 15	덮을 16	돈 15
陛	吠	嬖	斃			
섬돌 10	짖을 7	사랑할 16	넘어질 18			
포	布	抱	包	胞	飽	浦
	베 5	안을 8	쌀 5	태보 9	물릴 14	물가 11
捕	葡	褒	砲	鋪	佈	匍
사로잡을 10	포도 15	포장할 15	대포 10	펼 15	펼 7	길 9
哺	圃	怖	泡	脯	逋	鮑
먹을 10	밭 10	두려워할 9	거품 9	말린포 13	달아날 14	절인어물 16
抛						
던질 8						

폭	暴	爆	幅	曝	瀑	輻
	사나울 15	터질 19	폭 12	쬘 19	폭포 19	바퀴살통 16
표	表	票	標	漂	杓	豹
	겉 9	쪽지 11	표시 15	뜰 15	자루 7	표범 10
彪	驃	俵	剽	慓	瓢	飄
무늬범 11	표절따 21	흩을 10	빠를 13	날랠 15	박 16	회오리바람 20
飆	[illegible]					
폭풍 21	겨우들을 17					
품	品	稟				
	물건 9	줄 13				
풍	風	豐	諷	馮	楓	
	바람 9	풍년 18	욀 16	성 12	단풍나무 13	
피	皮	彼	被	避	披	陂
	가죽 5	저 8	입을 10	피할 21	나눌 8	비탈 13
疲						
지칠 10						
필	必	匹	筆	畢	弼	泌
	반드시 5	짝 4	붓 12	마칠 11	도울 12	물결부딪힐 9

珌	苾	馝	鉍	佖	疋	斁
칼장식옥 9	향기로울 11	향기로울 14	창자루 13	점잖을 7	짝 5	다할 15
咇						
향기로울 8						

핍	乏	逼				
	가난할 5	닥칠 18				

하	下	夏	賀	何	河	荷
	아래 3	여름 10	하례할 12	어찌 7	물 9	연꽃 13
廈	霞	瑕	蝦	遐	鰕	呀
큰집 13	노을 17	허물 14	새우 15	멀 16	새우 20	입벌릴 7
嘏	閜	嚇	煆	蕸		
클 14	크게열릴 13	웃을 17	불사를 13	연잎 19		

학	學	鶴	壑	虐	謔	嗃
	배울 16	학 21	산골짜기 골 17	사나울 9	희롱거릴 17	엄할 13

한	閑	寒	恨	限	韓	漢
	막을 12	찰 12	한탄할 10	한정할 14	나라 17	한나라 15

旱	汗	澣	瀚	翰	閒	悍
가물 7	땀 7	옷빨 17	질펀할 20	날개 16	한가할 12	사나울 12
罕	澖	橺	閑	忓	邗	
그물 7	넓을 16	큰나무 16	익힐 8	방해할 7	땅이름 10	
할	割	轄				
	나눌 12	비녀장 17				
함	咸	含	陷	函	涵	艦
	다 9	머금을 7	빠질 16	함 8	젖을 12	싸움배 20
喊	檻	緘	銜	鹹	菡	
소리 12	우리 18	봉할 15	재갈 14	짤 20	연봉오리 14	
합	合	哈	盒	蛤	閤	闔
	합할 6	물고기많은 모양 9	합 11	대합조개 12	쪽문 14	문짝 18
陜						
땅이름 15						
항	恒	巷	港	項	抗	航
	항상 10	거리 9	항구 13	목뒤 12	항거할 8	배항 10
亢	沆	姮	伉	杭	缸	肛
높을 4	큰물 8	계집이름 9	짝 6	막을 7	항아리 9	똥구멍 7

降						
항복할 9						
해	害	海	亥	解	奚	該
	해할 10	바다 11	돼지 6	풀 13	어찌 10	갖출 13
偕	楷	諧	咳	垓	瀣	蟹
함께할 11	본뜰 13	화할 16	기침 9	지경 9	이슬기운 20	게 19
駭	骸	咍	晐			
놀랄 16	뼈 16	웃을 8	갖출 10			
핵	核	劾				
	씨 10	캐물을 8				
행	行	幸	杏	倖	荇	涬
	행할 6	다행 8	은행 7	요행 10	마름 12	기운 12
향	向	香	鄕	響	享	珦
	향할 6	향기 9	시골 17	소리울릴 22	드릴 8	옥이름 11
嚮	饗	晑	麘			
향할 19	잔치할 22	밝을 10	사향노루 20			
허	虛	許	墟	噓		
	빌 12	허락할 11	옛터 15	불 15		

헌	軒	憲	獻	櫶	韗	
	초헌 10	법 16	드릴 20	나무이름 20	추녀 16	
헐	歇					
	휴식 13					
험	險	驗				
	험할 21	증험할 23				
혁	革	赫	爀	奕	焱	侐
	가죽 9	빛날 14	빛날 18	클 9	불꽃 12	고요할 8
烼	赩	嚇				
붉을 11	빨강 21	성낼 17				
현	現	賢	玄	絃	縣	懸
	나타날 12	어질 15	검을 5	풍류줄 11	고을 16	매달 20
顯	見	峴	晛	泫	炫	玹
나타날 23	보일 7	고개 10	볕기운 11	물깊을 9	밝을 9	옥돌 10
鉉	眩	昡	絢	呟	俔	舷
솥귀 13	현혹할 10	당혹할 9	무늬 12	소리 8	염탐할 9	뱃전 11
衒	弦	睍	銷	娊	妶	嬛
팔 11	시위 8	한계 15	노구솥 15	허리가늘 10	여자이름 8	경편할 16

혈	血	穴	孑	頁		
	피 6	구멍 5	외로울 3	머리 9		
혐	嫌					
	싫어할 13					
협	協	脅	俠	挾	峽	浹
	화합할 8	옆구리 10	협기 9	낄 10	골짜기 10	젖을 11
夾	狹	頰	洽			
낄 7	좁을 11	뺨 16	윤택할 9			
형	兄	刑	形	亨	螢	衡
	맏 5	형벌 6	형상 7	형통할 7	반딧불 10	저울대 16
型	邢	珩	泂	炯	瑩	瀅
본보기 9	땅이름 11	노리개 11	멀 9	밝을 9	옥빛 15	밝을 19
馨	熒	滎	瀯	荊	鎣	逈
향내멀리날 20	밝을 14	실개천 14	물이름 22	모형나무 10	줄 18	멀 12
侀						
이룰 8						
혜	惠	慧	兮	蕙	彗	譓
	은혜 12	지혜 15	어조사 4	난초 18	비 11	살필 22

寭	憓	暳	蹊	醯	鞋	譓
밝을 15	사랑할 16	별반짝일 15	지름길 17	초 19	짚신 15	슬기로울 19
鏸	匸	誇				
날카로울 20	감출 2	아유할 11				
호	戶	乎	呼	好	虎	號
	집 4	어조사 5	부를 8	좋을 6	범 8	이름 13
湖	互	胡	浩	毫	豪	護
물 13	서로 4	어찌 11	넓을 11	터럭 11	호걸 14	호위할 21
晧	皓	昊	淏	濠	灝	祜
해돋을 11	흴 12	하늘 8	맑을 12	강이름 18	넓을 25	복 10
琥	瑚	頀	顥	扈	鎬	壕
호박 12	산호 13	구할 23	클 21	뒤따를 11	호경 18	도랑 17
壺	濩	滸	岵	弧	瓠	糊
병 12	퍼질 19	물가 15	산 8	활 8	표주박 11	풀 15
縞	葫	皞	蝴	芐	鄗	蔰
명주비단 16	마늘 15	밝을 15	나비 15	지황 9	땅이름 17	채색 17
혹	或	惑	酷	熇		
	혹 8	미혹할 12	독할 14	뜨거울 14		

혼	婚	混	昏	魂	渾	琿
	혼인할 11	섞을 12	어두울 8	넋 14	흐릴 13	아름다운옥 14
홀	忽	惚	笏			
	소홀히할 8	황홀할 12	홀 10			
홍	紅	洪	弘	鴻	泓	烘
	붉을 9	넓을 10	클 5	기러기 17	물깊을 9	횃불 10
虹	鉷	哄	汞	訌		
무지개 9	돌쇠뇌 14	떠들썩할 9	수은 7	무너질 10		
화	火	化	花	貨	和	話
	불 4	될 4	꽃 10	재물 11	화할 8	이야기 13
畵	華	禾	禍	嬅	樺	譁
그림 12	빛날 14	벼 5	재화 14	고울 15	벚나무 16	시끄러울 19
靴	澕					
가죽신 13	물깊을 16					
확	穫	擴	確	廓	攫	
	곡식거둘 19	넓힐 18	굳을 15	클 14	붙잡을 23	
환	歡	患	丸	換	環	還
	기쁠 22	근심 11	탄자 3	바꿀 13	고리 18	돌아올 20

喚	奐	渙	煥	晥	幻	桓
부를 12	클 9	풀어질 13	빛날 13	환할 11	변할 4	굳셀 10
鐶	驩	宦	紈	鰥	圜	睆
고리 21	기뻐할 28	벼슬 9	흰비단 9	환어 21	두를 16	샛별 12
洹						
세차게흐를 10						
활	活	闊	滑	猾	豁	
	살 10	트일 17	미끄러울 14	교활할 14	뚫린골 17	
황	黃	皇	況	荒	凰	堭
	누를 12	임금 9	하물며 9	거칠 12	암봉황새 11	당집 12
媓	晃	滉	榥	煌	璜	熀
어머니 12	밝을 10	물깊고넓을 14	책상 14	빛날 13	서옥 16	불빛이글거릴 14
幌	徨	恍	惶	愰	慌	簧
휘장 13	노닐 12	황홀할 10	두려워할 13	밝을 14	어렴풋할 14	혀 18
蝗	遑	隍	楻			
누리 15	허둥거릴 16	산골짜기 17	책상 14			
회	回	會	悔	懷	廻	恢
	돌아올 6	모일 13	뉘우칠 11	품을 20	돌아올 9	넓을 10

晦	檜	澮	繪	誨	匯	徊
그믐 11	전나무 17	봇도랑 17	그림 19	가르칠 14	물돌 13	노닐 9
淮	獪	膾	茴	蛔	賄	灰
강이름 12	교활할 17	회 19	회향 12	거위 12	뇌물 13	재 6
획	獲	劃	画			
	얻을 18	그을 14	그을 8			
횡	橫	鐄	宖			
	가로 16	큰종 20	집울릴 8			
효	孝	效	曉	涍	爻	驍
	효도 7	본받을 10	새벽 16	물가 11	형상 4	날랠 22
斅	哮	嚆	梟	肴	酵	皛
가르칠 20	으르렁거릴 10	부르짖을 17	올빼미 11	안주 8	술익을 14	밝게나타날 15
歊	窙	傚	洨	虓	烋	熇
김이오를 14	높은기운 12	본받을 12	강이름 10	울부짖을 10	거들거릴 10	엄할 14
謼						
울 18						
후	後	厚	侯	候	后	逅
	뒤 9	두터울 9	제후 9	기후 10	임금 6	우연히만날 13

吼	嗅	朽	煦	姁	喉	堠
아우성치게 울 7	냄새맡을 13	썩을 6	따뜻하게할 13	할미 8	목구멍 12	봉화대 12
훈	訓	勳	焄	熏	薰	壎
	가르칠 10	공 16	향내 11	불사를 14	향기풀 20	흙풍류 17
燻	鑂	暈	纁	煇		
불기운 18	금색투색할 22	무리 13	분홍빛 20	구울 13		
훙	薨					
	죽을 17					
훤	喧	暄	萱	烜	愃	晅
	지껄일 12	날따뜻할 13	원추리 15	마를 10	너그러울 13	말릴 10
훼	毁	喙	毀	卉		
	헐 13	부리 12	헐 13	풀 6		
휘	揮	輝	彙	徽	暉	煇
	떨칠 13	빛날 15	무리 13	아름다울 17	햇빛 13	빛날 13
諱	麾	煒				
꺼릴 16	대장기 15	빨간위 13				
휴	休	携	烋	畦	虧	庥
	쉴 6	이길 14	아름다울 10	밭두둑 11	이지러질 17	그늘 9

音						
휼	恤	譎	鷸			
	구휼할 10	속일 19	도요새 23			
흉	凶	胸	兇	匈	洶	
	흉할 4	가슴 14	흉악할 6	오랑캐 6	물살세찰 11	
흑	黑					
	검을 12					
흔	欣	炘	昕	痕	忻	
	기쁠 8	성할 8	해돋을 8	흉터 11	기뻐할 8	
흘	屹	吃	紇	訖		
	산우뚝할 6	말더듬을 6	질낮은명주실 9	이를 10		
흠	欽	欠	歆	鑫		
	공경할 12	하품 4	받을 13	기쁠 24		
흡	吸	洽	恰	翕		
	마실 7	합할 10	마침 10	합할 12		
흥	興					
	일 15					
희	希	喜	稀	戱	姬	晞
	바랄 7	기쁠 12	드물 12	놀 17	계집 9	마를 11

僖	橲	禧	嬉	憙	熹	凞
즐거울 14	나무이름 16	복 17	예쁠 15	기뻐할 16	성할 16	화할 15
羲	爔	曦	俙	囍	憘	犧
기운 16	불 20	날빛 20	비슷할 9	쌍희 22	밝을 16	희생할 20
噫	熙	烯	暿	譆		
탄식할 16	빛날 13	마를 11	기뻐할 16	감탄할 19		
힐	詰					
	물을 13					

2. 동자(同字) · 속자(俗子) · 약자표(略字表)

각	慤(愨)
간	杆(桿), 癎(痼)
감	鑑(鑒)
강	強(强), 鋼(鏗), 岡(崗), 襁(繈)
개	個(箇), 蓋(盖)
건	建(逮), 乾(漧)
걸	傑(杰)
검	劍(劒)
결	潔(洯)
경	卿(卿), 冏(囧), 景(暻), 檠(檄), 京(亰), 璟(境)

계	界(堺), 谿(磎)
고	考(攷), 皐(皋)
곤	袞(衮)
관	館(舘), 寬(寛)
광	廣(広), 光(炛・眖)
교	敎(教)
구	丘(坵), 耈(耉), 廏(廐)
국	國(国)
권	權(権)
규	糾(糺)
긍	亘(亙)
기	棋(碁), 璣(璣)
년	年(秊)
녕	寧(寗)
다	多(夛)
대	臺(坮), 擡(抬)
덕	德(悳・徳)
도	島(嶋)
동	同(仝)
람	攬(擥・擥)
랑	蜋(螂), 郞(郎)
래	來(来・逨)
량	糧(粮), 涼(凉)
령	岭(岺)
례	禮(礼)
로	虜(虜)

뢰	賴(頼)
룡	龍(竜)
류	琉(瑠)
륜	崙(崘)
름	凜(凛)
릉	楞(楞)
리	裏(裡), 離(离), 俐(悧), 釐(厘), 犁(犂)
린	麟(麐), 鄰(隣)
만	萬(万)
망	莽(莾), 望(朢)
면	麪(麵)
묘	妙(玅)
무	無(无)
미	彌(弥)
민	珉(瑉·砇·碈), 忞(忟)
방	幫(幇)
배	杯(盃), 裴(裵)
백	柏(栢)
번	飜(翻)
벽	檗(蘗)
별	鼈(鱉)
병	竝(並), 幷(并), 昞(昺), 柄(棅), 鉼(鉼)
보	寶(宝·珤·琔), 步(歩)
봉	峯(峰), 漨(浲)
비	祕(秘), 毗(毘)
빈	彬(份)

삽	插(揷)
서	敍(叙·敘), 棲(栖·捿), 壻(婿), 嶼(𡼏), 恕(㤙), 胥(縃), 諝(諿)
석	晳(晰)
선	膳(饍)
설	卨(禼)
성	晟(晠), 聖(垩)
소	疏(疎), 穌(甦), 霄(䨭), 遡(溯), 笑(咲)
손	飧(飱)
쇄	鎖(鎻)
수	壽(寿), 修(脩), 穗(穂), 岫(峀), 竪(竪), 讎(讐), 睢(濉)
승	陞(阩)
시	柹(柿·柿)
실	實(实)
쌍	雙(双)
아	兒(児), 亞(亜), 峨(峩), 婀(娿)
안	雁(鴈), 案(桉)
암	巖(岩)
앙	昂(昻)
애	礙(碍)
야	野(埜), 挪(揶)
양	陽(昜), 揚(敭)
언	彦(彥)
얼	糱(蘖)
엄	嚴(巌)
연	煙(烟), 淵(渕), 兗(兖), 姸(妍), 娟(姢), 軟(輭), 硯(硱)
염	艶(艷)

영	榮(栄・荣), 映(暎), 瀅(濙)
예	叡(睿・容・壡), 藝(埶・芸), 蕊(蘂)
오	鼇(鰲)
온	穩(穏), 𥁕(昷)
용	鎔(熔), 涌(湧), 宂(冗)
우	雨(𠕒)
욱	稶(䄙)
운	篔(𥳐)
원	冤(寃), 員(貟)
유	兪(俞), 濡(渪)
윤	閏(閠・閏), 胤(𦙫)
은	誾(誾)
이	彛(彝)
인	韌(靭), 䡋(輬), 仁(忈・忎)
일	逸(逸)
임	妊(姙)
입	廿(卄)
자	姊(姉), 玆(兹)
잠	潛(潜)
장	將(将), 壯(壮), 莊(庄), 墻(牆), 奬(獎)
절	絕(絶)
점	點(点・奌)
정	靜(静)
제	濟(済)
조	曹(曺), 棗(枣)
종	椶(棕), 蹤(踪)

주	遒(逎)
준	準(凖), 濬(容), 陖(埈)
즉	卽(即)
지	知(矨), 智(𣉻)
진	眞(真), 晉(晋), 瑨(瑨), 珍(鉁), 盡(尽)
집	潗(潗)
찬	贊(賛), 讚(讃), 儹(儧), 簒(篡)
참	慙(慚)
책	冊(册)
척	墌(坧), 慼(慽)
철	哲(喆), 鐵(鉄)
첨	甜(甛)
청	靑(青), 淸(清), 晴(晴), 請(請)
초	草(艸)
촌	村(邨)
총	聰(聡), 冢(塚), 總(総)
추	鰌(鰍)
충	蟲(虫), 沖(冲)
측	廁(厠)
치	癡(痴), 稚(穉)
타	橢(楕)
탁	槖(橐)
토	兎(兔)
패	覇(霸)
포	抛(拋)
표	飆(飇)

풍	豐(豊)
하	廈(厦), 夏(昰)
학	學(学)
함	銜(啣)
항	恒(恆), 姮(嫦)
해	海(海)
현	顯(顕)
협	脅(脇)
형	迥(逈)
혜	惠(恵)
호	苄(芦), 浩(澔), 號(号)
화	畵(画)
확	確(碻)
활	闊(濶)
황	晃(晄)
회	繪(絵), 會(会)
효	效(効)
후	厚(垕)
훈	勳(勛·勲), 薰(勳), 壎(塤), 熏(熏)
훼	卉(卉)
희	熙(煕·凞), 熹(熺), 戲(戱), 姬(姫)

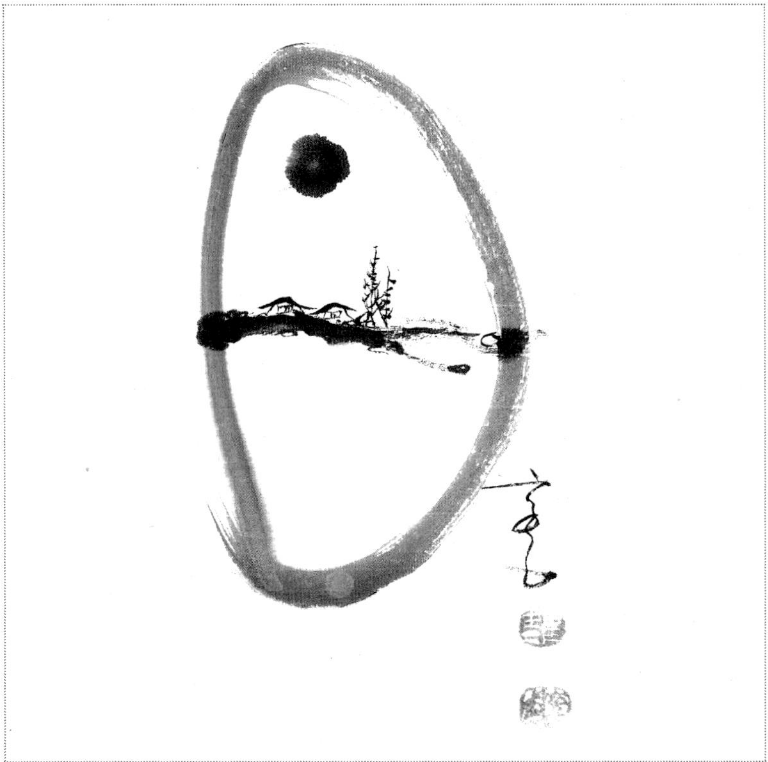

성명학의 이론과 실제

2015년 5월 5일 초판 1쇄 인쇄
2015년 5월 9일 초판 1쇄 발행

지은이 | 古輪 崔祥洵
펴낸이 | 寅製 秦旭相
편집인 | 이은별
책임편집 | 오용수
펴낸곳 | 백산출판사
등 록 | 1974. 1. 9. 제 1-72호
주 소 | 서울시 성북구 정릉로 157(백산빌딩)
전 화 | 02)914-1621, 02)917-6240
팩 스 | 02)912-4438
http://www.ibaeksan.kr
editbsp@naver.com

ISBN 979-11-5763-065-3

값 20,000원

MEMO

MEMO